JN126774

そのまま使えるモデル英文契約書シリーズ

はじめに

　人口減少が続く中、これまで国内市場のみを対象としてきた日本の中堅・中小企業であっても、ビジネスの維持・発展のためには、海外の旺盛な需要を取り込む必要がある。しかし、同じ文化に属する国内取引先と違って、海外企業との取引では思わぬトラブルが発生することがある。これは、早くから国際取引に乗り出してきた日本の大企業が経験してきたことであり、不慣れだったでは済まないほどの大きな損失を被った例も少なくない。これに対して、中堅・中小企業が国際取引において損失を被った場合、それを吸収するだけの体力がないおそれもある。

　先人が経験した苦い経験を繰り返す必要はない。これから国際取引に乗り出そうとする企業は、過去の経験に学び、国際取引に伴うトラブルに備えた適切な予防措置をとるべきである。すなわち、外国企業から示された英文契約書案にそのままサインするのではなく、日本企業の立場から様々な事態を想定し、相手方に対して逆提案をし、きちんとした交渉を経た上で契約を締結すべきである。とはいえ、国際取引に不慣れな企業にとって、自ら詳細な英文契約書を作成することは困難であり、またその作成を渉外弁護士に依頼した場合には高額な費用が発生する。

　そこで、JCAA では、これまで日本企業が当事者となった仲裁事件を処理してきた経験に照らし、国際取引に不慣れな中堅・中小企業が契約書を作成する際に参考にして頂くべく、本シリーズを発刊することとした。本シリーズでは、各条項の解説の随所で、その条項の説明にとどまらず、その条項が扱っている事項はどのような意味があるのかを自覚的に考えることができるように工夫している。なお、異なるモデル契約書に登場する類似の条項例や解説は必ずしも同一ではないが、趣旨は同じである。

　また、国内の取引では紛争解決はいずれかの地方裁判所での裁判により最終的には解決される旨を定めるのが当然と考えてきたかもしれないが、国際取引をめぐる紛争については、外国での裁判を飲まざるを得ないとすれば、それは外国語で外国訴訟法に基づく手続の末に外国人の裁判官が外国語で判決を下すことを意味する。他方、日本での裁判は相手方の外国企業が拒否することになろう。そのため、国際取引紛争の解決のためには仲裁が用いられることが多い。すなわち、日本人と外国人から構成される仲裁廷により最終的な解決を図るのである。本シリーズでは、JCAA ならではのこととして、仲裁条項のドラフティングについて詳しく説明している。

　本シリーズのモデル英文契約書が実際の契約書作成にあたり参考となれば幸いである。最後に、本シリーズの刊行にあたり、丁寧な監修により最新のモデル契約書に刷新して頂いたアンダーソン・毛利・友常法律事務所の仲谷栄一郎弁護士及び中川裕茂弁護士に厚く御礼申し上げたい。

2020 年 4 月

日本商事仲裁協会（JCAA）仲裁・調停担当執行理事

道垣内　正人

目　次

I.　委託加工契約の概要

  1.　委託加工契約とは………………………………………………………………… 4

  2.　本条項例…………………………………………………………………………… 4

  3.　委託加工契約のポイント………………………………………………………… 4

II.　Consignment Agreement For The Production（委託加工契約）の
　　条項例（英語、日本語）・解説

  ■　Recitals ／前文 ……………………………………………………………… 5

  ■　Article　1　Definitions ／定義 ……………………………………………… 7

  ■　Article　2　Consignment ／委託 …………………………………………… 8

  ■　Article　3　Representations and Warranties ／表明保証 ……………… 9

  ■　Article　4　Raw Materials ／原材料 ……………………………………… 12

  ■　Article　5　Samples of Products ／本件製品の見本 …………………… 17

  ■　Article　6　Production ／製造 ……………………………………………… 18

  ■　Article　7　Delivery of the Products ／本製品の引渡し ……………… 21

  ■　Article　8　Product Price ／製造代金 …………………………………… 24

  ■　Article　9　Insurance ／保険 ……………………………………………… 27

  ■　Article 10　Security ／担保 ………………………………………………… 28

  ■　Article 11　Title ／所有権 ………………………………………………… 28

  ■　Article 12　Intellectual Property Rights and Technical Information
　　　　　　　／知的財産権および技術情報……………………………………… 29

  ■　Article 13　Technical Advice ／技術上の助言 ………………………… 30

  ■　Article 14　Information and Reports ／情報および報告 ……………… 31

  ■　Article 15　Confidentiality ／秘密保持 ………………………………… 32

  ■　Article 16　Term ／期間 …………………………………………………… 33

  ■　Article 17　Termination ／解約 …………………………………………… 34

  ■　Article 18　Assignment ／譲渡 …………………………………………… 37

  ■　Article 19　Force Majeure ／不可抗力 ………………………………… 37

  ■　Article 20　Disclosure ／開示 …………………………………………… 38

  ■　Article 21　Severability ／分離条項 …………………………………… 39

  ■　Article 22　Non-Waiver ／権利義務等の不放棄 ……………………… 39

  ■　Article 23　Notice ／通知 ………………………………………………… 40

  ■　Article 24　Entire Agreement ／完全合意 …………………………… 41

  ■　Article 25　Authoritative Text ／公式文書 …………………………… 41

  ■　Article 26　Governing Law ／準拠法………………………………… 42

  ■　Article 27　Arbitration ／仲裁 …………………………………………… 43

■　Article 28　Headings ／表題 ……………………………………………………　43

■　末尾文言および署名欄 …………………………………………………………　44

III.　仲裁条項のドラフティング

1.　仲裁とは ……………………………………………………………………………　45

2.　仲裁条項のヒント ……………………………………………………………………　46

（1）　JCAA の 3 つの仲裁規則に基づく仲裁条項 ………………………………　47

（2）　機関仲裁条項（仲裁機関を指定する仲裁条項）………………………………　48

（3）　仲裁規則を規定する仲裁条項 ……………………………………………………　49

（4）　「商事仲裁規則」の迅速仲裁手続によって仲裁を行う場合の仲裁条項 …………　51

（5）　仲裁人の要件や数を規定する仲裁条項 ……………………………………………　51

（6）　仲裁手続の言語を規定する仲裁条項 ……………………………………………　53

（7）　仲裁費用の負担を定める仲裁条項 ……………………………………………………　54

（8）　多層的紛争解決条項 ……………………………………………………………………　55

（9）　交差型仲裁条項（クロス条項）……………………………………………………　56

（10）準拠法条項と仲裁条項 ……………………………………………………………………　57

CD-ROM：委託加工契約書【英語、日本語】（MS-Word）

I. 委託加工契約の概要

1. 委託加工契約とは

委託加工契約とは、生産に必要な原材料の全部または一部を委託者が受託者に提供し、受託者がそれを加工して委託者または委託者の指定する第三者に対して引き渡し、受託者は、その対価として加工賃を受け取る取引（委託加工取引）についての契約をいう。

委託加工契約は、通常は、日本法における請負契約の一種であることが多いが、委託者が原材料を有償で供給し未完成品を有償で購入するという、売買契約のような場合もある。この点については、費用等の精算を明確に規定するほか、会計上や税務上の取扱いも慎重に検討すべきである。

2. 本条項例

本条項例は、日本企業（委託者）が外国企業（受託者）に製品（衣類を想定）の加工を委託することを想定している。この方向は、国内においては賃金が高く、外国に委託することによってコストの低下を図ることから採用されることが多い。

3. 委託加工契約のポイント

委託加工契約において注意すべきポイントは次のようなものである。

（1） 製造工程の管理

製品の品質を確保するためには、製造工程を適切に管理することが必要である。

（2） 技術供与の条件

上記（1）を徹底するために、当方から製造技術を供与する必要がある場合もある。とくに「ノウハウ（営業秘密）」に属する製造技術を供与する場合、秘密保持義務を厳しくするなどの対策が必要である。

（3） 製品の保証

製品の保証の条件や違反を追及する手続が重要である。

II. Consignment Agreement For The Production（委託加工契約）の条項例（英語・日本語）・解説

■ Recitals／前文

CONSIGNMENT AGREEMENT FOR THE PRODUCTION OF（製品名）

This Agreement, made and entered into this _____ day of _____, 20××, by and between ABC CORP., a corporation duly organized and existing under the laws of Japan with its principal place of business at _____, Japan (hereinafter called "ABC") and XYZ CORP., a corporation duly organized and existing under the laws of _____ with its principal place of business at _____, _____ (hereinafter called "XYZ").

（製品名）委託加工契約

本契約は、20××年___月___日付にて、日本国法に基づき適式に設立され存続し、日本国_____に主たる営業の場所を有する ABC 会社（以下、「ABC」という。）と、_____国法に基づき適式に設立され存続し、_____国_____に主たる営業の場所を有する XYZ 会社（以下、「XYZ」という。）との間に締結された。

WITNESSETH:

WHEREAS, ABC desires to consign XYZ to produce the Products hereinafter defined, and WHEREAS, XYZ has been engaged in the production and sale of articles similar to the Products and owns facilities necessary to produce the Products, and desires to produce the Products for ABC with raw materials supplied by ABC;

Now, THEREFORE, in consideration of the premises and mutual covenants hereinafter set forth, the parties hereto agree as follows:

記

ABC は、以下に定義される本件製品の製造を XYZ に委託することをのぞんでおり、XYZ は、本件製品に類似する製品の製造および販売業務に従事しており、本件製品の製造に必要な整備を保有しており、また、ABC の供給する原材料によって本件製品を ABC のために製造することをのぞんでいる。

そこで、この契約の両当事者は次のとおり合意する。

解説

表題

　表題は、契約内容を一見してわかるようにするためのものであって、これ自体には特別の法的効果はない。ここでは、表題に対象製品の名称を記載するようにしてある。

頭書

（1）　この部分には、契約締結年月日、当事者の名称および住所、当事者が法人の場合には、その設立準拠法を記載する。

（2）　当事者の住所については、日本では、会社の主たる営業所が本店として登記されているので、この本店所在地を正確に記載すればよい。国によっては、設立された州とは別の州に主たる営業所が置かれることがあるので、設立準拠法とともに主たる営業所をここに記載することでもよい。

（3）　契約当事者名は、何度も繰り返し用いることが煩雑になることがあるので、略称を用いるのが一般的である。この書式では、当事者名の略称を用いているが、「委託者」・「受託者」といった契約上の地位を略称として用いることもある。

（4）　なお、ここでは、記載しなかったが、この部分に、契約締結地を記載することもある。国際契約においては、遠隔地にいる当事者同士が一堂に会して契約に調印することは、むしろ希であり、各当事者が自国で調印してこれを交換し合うことが通常である。しかし、契約締結地の記載は、国際契約においては、契約の準拠法や裁判管轄の規定が無いであるとか、不明確である場合に、これらを決定する上での重要な判断要素となりうる。また、契約締結地の記載は、契約に貼付する印紙の要否にも影響する。例えば日本の印紙税法に基づく場合、外国が締結地である場合には、たとえ契約内容の実現や契約書の保管が日本国内でなされたとしても、わが国の印紙税は課されない。契約締結地の記載が無い場合には、後の署名がなされた国が契約締結地とされるのが通常である。

前文

　この部分はいわゆる「whereas clause」（説明条項）とよばれ、一般には、当事者が契約を締結するに至った理由、経緯、目的などが記載される。この部分を欠いても契約の効力に影響を及ぼすことはないが、しかしながら、ここに記載された事項に拘束力がまったく無いと考えるのは危険である。この部分は、契約本文中の各条項の内容が不明であったり、その解釈に争いが生じた場合などに、解釈の基準とされることがあるからである。また、英米法における禁反言（estoppel）の原則の下においては、ここに記載された契約締結の基礎となるような重要な事実について事実に反することを表示すると、それだけで、後に相手方から損害賠償や契約の解除を請求されることもありうるからである。したがって、この部分は、記載する場合には簡潔かつ正確にこれを表現するのが望ましく、とくに、自社側に関する記載については、あまり余計なことは記載しないように注意すべきである。

■ Definitions ／定義

Article 1　Definitions

　Unless the context otherwise requires, the following terms shall have the meaning set forth below:

1.01　"Products" means clothes to be produced by XYZ with the Raw Materials in accordance with the Specifications and as listed in Exhibit 1 attached hereto.

1.02　"Raw Materials" means materials necessary to produce the Products and as listed in Exhibit 2 attached hereto.

1.03　"Specifications" means written specifications for the design and production of the Products as are provided to XYZ by ABC.

1.04　"Schedule" means written timetable as prepared and provided by ABC to XYZ, which provides a detailed and timed plan relating to the procedures for production of the Products including the export of the Raw Materials and import of the finished Products.

第1条　〔定義〕

　以下の用語は、文脈上明らかに他の意味に解すべき場合を除き、下記の意味を有する。

1.01　「本件製品」とは、下記に定義される原材料を用いて、仕様書に従ってXYZにより製造される衣料品で、本契約書に添付される別紙1に記載されるものを意味する。

1.02　「原材料」とは、本件製品を製造するために必要な原材料で本契約書に添付される別紙2に記載されるものを意味する。

1.03　「仕様書」とは、本件製品のデザインおよび製造に関する仕様書であり、ABCからXYZに提供されるものを意味する。

1.04　「計画表」とは、ABCが作成してXYZに提供される書面の計画表で、原材料の輸出および完成品の輸入を含む本件製品の製造過程についての詳細な時間割を記載したものを意味する。

解説

第1条　〔定義〕

　契約書中で繰り返し用いられる語句のうち、本契約において特別な意味を有する語句について、その意義を説明するための規定である。各条項においてその都度説明することも可能であるが、その煩雑さを避ける意味もある。

1.01　委託加工の対象となる製品については、名称のほか商品番号（機械類などの場合はモデルナンバーなど）を併記したり、サイズや色なども記載するなど可能な限り明確に規定する必要がある。記載する項目が多い場合や、後に品目を追加・変更する可能性がある

場合には、別紙に記載して契約書本体に添付することも通常行われる。

1.02 原材料については、完成品一個について、いかなる種類（原材料名）のものがどれだけ（数量）使われるかについても明確に規定しておくべきである。

1.03 この契約における仕様書は、製造の方法や完成品の品質、各部分の寸法や色、形状などについて図面や数値によって説明したものであり、完成品の規格を示すものである。この内容が契約締結時に確定している場合には、これも本契約書の添付書類とすべきである。

1.04 原材料の輸出から完成品の輸入、引渡しにいたるまでの具体的な時間割を記載したものである。この時間割も契約締結までに確定しておいて、本契約書の添付文書とすべきである。

■ Consignment ／委託

Article 2　Consignment

2.01 Subject to the terms and conditions hereinafter set forth, ABC hereby consigns XYZ to produce and deliver the Products and XYZ accepts such consignment.

2.02 The relationship of the parties hereunder shall at all times be that of independent contractors, and XYZ is not, and shall not hold itself as an agent or joint venturer of ABC.

第2条　〔委託〕

2.01 本契約中以下に記載する条件に従い、ABC は XYZ に対し、本件製品の製造を委託し、XYZ はかかる委託を受諾する。

2.02 本契約の下における両当事者は、常に独立した契約者の関係であり、XYZ は ABC の代理人、パートナーあるいは共同事業体ではなく、また自己をそのように表示または表明してはならない。

解説

第2条　〔委託〕

「consign」という表現は、委任や代理を意味することがあるため、ここでは、受託者が委託者の代理人などではなく、企業組織外にあって独立の存在であることを規定している。これにより、たとえば、受託者が第三者との間においてなした法律行為（とくに債務負担行為）の効果が委託者に帰属することを防止する。

■ Representations and Warranties ／表明保証

Article 3   Representations and Warranties

XYZ represents and warrants to ABC that on and as of the date of this Agreement and continuing until the termination of this Agreement, each and every representation and warranty set forth in this Article 3 is true and accurate in relation to XYZ and XYZ shall have an obligation to maintain that these representations and warranties continue to be true and accurate during the term of this Agreement:

(a) Organization: XYZ is a corporation duly organized and validly existing under the laws of its incorporation, and has full corporate power to own its assets, incur liabilities and conduct the business that it currently conducts in the respective jurisdictions where it does business.

(b) Corporate Power and Authority: XYZ has full corporate power and authority to execute, deliver and perform this Agreement, and the transactions contemplated hereby have been duly and validly authorized by all necessary corporate action of XYZ.

(c) Legal, Valid, Binding Obligation, No Violation: This Agreement, when executed and delivered, shall constitute legal, valid and binding obligations of XYZ

第 3 条 〔表明保証〕

XYZ は本契約締結日から本契約の終了まで、第 3 条に定める事項がいずれも XYZ について真実でありかつ正確であることを表明し保証する。また XYZ は本契約期間中、かかる表明保証が真実である状態を維持する義務を負う。

(a) 設立等： XYZ はその設立準拠法に基づき有効に存在しており、その事業を行っている法域において、有効に資産を所有し、債務を負担しまたその他現在行っている事業を遂行するための権利を有している。

(b) 権限： XYZ は本契約を締結し遂行するための十分な権利を有しており、本契約において企図されている取引は必要な社内の承認を得ている。

(c) 適法性、契約違反等： 本契約が締結された場合には、本契約はその規定に従って XYZ に対して強制執行可能な XYZ の適法かつ有効な債務を構成する。本契約の締結および履行はいかなる法令にも違反せず、定款その他 XYZ の設立に関する規定に違反もしくは矛盾せず、XYZ が当事者となっている契約に違反もしくは矛盾せず、または時間の経過や通知の出状を伴うことで XYZ が当事者となっている契約の違反事由を構成することもない。

(d) 訴訟等の手続： XYZ による本契約の締結もしくは履行、または本契約で企図されている取引の実行

enforceable in accordance with their respective terms. The execution, delivery and performance of this Agreement shall not violate or contravene any provision of law or regulations, or conflict with the articles of incorporation of XYZ or any other document or charter under which such party was established, or conflict with or result in the breach of any provision of any agreement to which XYZ is a party, or constitute a default or an event that, with the giving of notice, or the passing of time, or both, could constitute a default under any such agreement.

(d) No Proceedings: There are no legal, administrative, or other proceedings, investigations, inquiries, judgments, injunctions or restrictions of whatsoever nature pending against XYZ that would preclude or negatively affect the ability of XYZ to execute, deliver and perform this Agreement or to consummate the transactions contemplated by this Agreement.

(e) Third Party Consents: All third party consents or governmental approvals which are required for the due execution and performance of this Agreement have been duly obtained and

を妨げまたは何らかの悪影響を与えるような司法、行政、その他の手続調査、照会、判決、仮処分その他いかなる性質のものであるとを問わず何らかの制限等は存在しない。

(e) 同意・許認可： 本契約を締結し履行するために必要なすべての第三者からの同意または政府機関からの許認可は取得されており、有効性を維持している。

(f) 開示情報： ABC に対して書面その他の方法で提供された情報はすべて提供された時点および現在においても重要な点において真実であり、正確で完全である。

(g) 支払能力： XYZ について以下の事由は発生していない。

(i) 支払停止その他支払不能と見なされるような事態の発生

(ii) 破産手続、会社更生手続、民事再生手続もしくはこれに類似する手続の開始の申立て

(iii) 適用ある法に基づく上記と類似の事態の発生

continue to be effective.

(f) Disclosure of Information: All information given in writing or otherwise made available to ABC is true, accurate and complete in all material respects and information made as of a certain date is true, accurate and complete as of that date.

(g) No Bankruptcy, Insolvency: None of the following events have occurred with respect to XYZ:

(i) general stopping of payment or other event that is deemed to constitute the insolvency of XYZ;

(ii) an application being submitted for bankruptcy, corporate reorganization, civil rehabilitation or similar proceedings by or against XYZ;

(iii) any event similar to the foregoing under applicable law.

解説

第3条 〔表明保証〕

　他社に製品の製造を委託するということは、委託者にとり、事業戦略上も、また法的な観点からも、様々なリスクを負い得る重大な行為である。したがって、委託者としては、相手方がそれにふさわしい資質や体制を備えているかを確認する必要がある。これは契約書以前の問題であるが、契約上は相手方に対して最低限満たすことを求める点を明記してその正しさを相手方に表明保証させるべきである。そして表明保証の違反が見つかった場合の効果も記載することが望ましく、例えば重大な違反の場合には契約を解除することができるようにしておくことや損害賠償責任を負わせることなどが考えられる。条項例に示した事項は、いずれもそれが真実ではなかった場合には委託者側が委託を継続できない、または、すべきではないとの判断に至り得るような事項である。その他、事例に応じて、これに類するような事項が他にもないか検討し、必要に応じ追加していくことが望ましい。

Article 4　Raw Materials

4.01　Samples of all Raw Materials necessary for the production of the Products (hereinafter called "Samples") shall be submitted to XYZ by ABC prior to commencement of the Products' production and XYZ shall keep the Samples with the care of a prudent custodian during the term of this Agreement. ABC shall affix to such Samples indications that they are the correct and true samples of the relevant Raw Materials.

4.02　Unless otherwise agreed, XYZ shall obtain from ABC, and ABC shall export to XYZ, the Raw Materials without charge. Insurance premiums, freight and any other cost of transportation to the port of destination shall be borne by ABC and transportation costs from the destination port to XYZ's site shall be borne by XYZ. In the event that ABC specifically agrees to procurement of certain Raw Material from another party, XYZ shall comply with the detailed written terms and conditions set out in writing by ABC regarding procurement of Raw Materials from other parties.

4.03　XYZ shall inspect the quantity as well as the quality of the Raw

第4条　〔原材料〕

4.01　本件製品の製造開始に先だって、ABC は本件製品の製造に必要なあらゆる原材料の見本を XYZ に対して提出するものとし、XYZ は、かかる見本を本契約期間中、善良な管理者の注意をもって保管しなければならない。ABC は、これらの見本について、それが、対応する原材料の真正な見本である旨の表示をつけなければならない。

4.02　ABC は、原則としてすべての原材料を無償で XYZ に輸出する。保険、運賃その他の輸送費用は、仕向港までは ABC の負担とし、仕向港から XYZ の敷地までは XYZ の負担とする。なお、ABC が認める場合には、XYZ は原材料の一部を ABC からの支給によらずに調達することができるが、かかる取扱いについての詳細は、別途の書面をもって取決める。

4.03　XYZ は、原材料の受領後直ちにその数量を検査し、第4.01項のもとに ABC から提出された見本と照合の上、その品質を検査しなければならない。検査の結果、XYZ が数量不足または過多を発見した場合には、原材料が（仕向港の記載）に到着後＿＿＿日以内に、XYZ はその証拠を添えて ABC にその旨を通知しなければならず、XYZ が、受領した原材料に瑕疵があるかまたはその品質が第4.01項のもとに ABC から提出された見本と一致

Materials, comparing them with the Samples immediately after its receipt of the Raw Materials. In the case where XYZ finds a deficiency or excess in the numbers and quantity, as the result of such inspection, XYZ shall notify ABC of such deficiency or excess, accompanied with the evidence thereof within _____ (_____) days after the arrival of the Raw Materials at _____. In the case where XYZ finds any defective Raw Materials or Raw Material which deviates from the Samples, XYZ shall notify ABC of such discrepancy, accompanied with the evidence thereof within _____ (_____) days after the arrival of the Raw Materials _____ __ and take all necessary steps to prevent and minimize the possible losses and damage which may be caused by such Raw Materials. If XYZ fails to give notice within the said period, the Raw Materials shall be deemed to have been properly delivered to XYZ.

4.04 Where ABC receives a notice from XYZ subject to Paragraph 4.03, ABC shall review XYZ's claim without delay and if ABC considers that the notice given by XYZ has sufficient merit, ABC shall commence the procedure of re-exporting, replacing the

していないことを発見した場合には、XYZ はかかる品質不良等に基づき発生しうる損害の発生または拡大を回避するために必要な措置を速やかにとると共に、XYZ、原材料が（仕向港の記載）に到着後_____日以内に、その証拠を添えて ABC にその旨を通知しなければならない。XYZ が上記期間内に通知しなかった場合には、原材料は XYZ に契約条件に従って適切に引渡されたものとみなされる。

4.04 ABC は、第 4.03 項に従って XYZ より通知を受領した場合には、遅滞なく XYZ に必要な措置を指示するとともに、XYZ による通知の内容が正当であると判断した場合には、合理的期間内に自ら原材料の再輸出、交換手続またはその他 ABC が適当と考える措置をとるものとする。

4.05 XYZ が次に記載する行為をなした場合においては、仮に XYZ が第 4.03 項に規定する通知をした場合であっても、原材料には数量不足や第 4.01 項に規定する見本との品質上の不一致は存在しなかったものとみなされ、ABC の原材料提供に関する義務は、当該輸出分に関して正当に履行されたものとみなされる。また、かかる行為に基づき発生する一切の費用または損害は XYZ の負担とし、ABC およびその役職員をかかる費用または損害から免責する。

(a) 当該原材料の一部または全部の加

Raw Materials or taking any other appropriate measures at ABC's discretion within a reasonable period.

4.05 Notwithstanding that XYZ has provided notice to ABC as described in the preceding Paragraph 4.03, if any of the following actions has been taken by XYZ, it shall be deemed that neither deficiency in quantity nor any problem in quality of the Raw Materials shall have existed, and ABC's responsibility to supply the Raw Materials shall be deemed to have been duly performed with respect to those Raw Materials. Further, XYZ shall be responsible for any and all losses, damages and expenses which may be caused by such actions of XYZ and shall indemnify and hold ABC and each of its officers, directors, employees harmless from and against such losses, damages and expenses.

(a) where XYZ has already commenced with in part, or, whole, the processing of the Raw Materials.

(b) where XYZ mixes the Raw Materials, in part, or, whole, with other received Raw Materials.

(c) where XYZ did not exercise the necessary care and reasonable attention to the keeping of the

工に着手したとき。

(b) 当該原材料の一部または全部を他の受領済み原材料と混合したとき。

(c) 当該原材料の保管に十分な注意を払わず、その結果、原材料に損害を与えたとき。

(d) 第 4.04 項の指示に従わなかったとき。

(e) その他商慣習上、原材料に関して損害の拡大防止に必要な措置を講じなかったとき。

4.06 ABC は、原材料の各梱包に本契約書に添付される別紙 3 記載の荷印を付するものとする。

4.07 ABC は XYZ に対し、原材料の船積み後、ファクシミリによって船積みの通知をなし、かつ、航空便によって原材料を受領するのに必要な船積み書類を発送する。

4.08 XYZ は、本契約期間中、善良な管理者の注意をもって ABC から提供された原材料を両当事者間で合意された場所に他の物品と区別して保管し、本件製品の製造に用いる場合を除いて、その数量や品質を維持するよう適切な注意を払って原材料を良好な状態で保管しなければならない。XYZ が原材料を前記の場所から移動することを希望する場合はいつでも、その旨をABC に通知し、その事前の了解を得るものとする。

Raw Materials and where such negligence results in damage to the Raw Materials.

(d) where XYZ does not comply with the designations as described in Paragraph 4.04.

(e) where XYZ does not take necessary measures to minimize damage to the Raw Materials in accordance with customary commercial practice.

4.06 ABC shall affix the shipping mark as described in Exhibit 3 attached hereto to each package of the Raw Materials.

4.07 ABC shall notify XYZ of the shipping of the Raw Materials by facsimile and dispatch to XYZ all shipping documents necessary for the receipt of the Raw Materials by airmail, after the shipment of the Raw Materials.

4.08 XYZ shall, during the term of this Agreement, store the Raw Materials supplied by ABC in a location to be agreed upon between the parties hereto with such care as required for a prudent custodian. XYZ shall separate the Raw Materials from other goods and keep the Raw Materials in good condition and take due care to maintain the quantity and quality of the Raw Materials except for when used for production of the Products.

Whenever XYZ desires to move the Raw Materials from the place mentioned above, XYZ shall inform ABC of such movement and seek ABC's prior approval.

解説

第４条　〔原材料〕

　原材料の提供は、本契約において重要な要素の一つであるから、なるべく具体的かつ明確に規定しておく必要がある。

4.01　契約期間中に提供される見本のサンプルを、受託者が本格的生産を開始する前までに受託者に示して、その材質、色および品質を受託者に知らしめておく。これによって、現実に生産のために提供される原材料が、提供時において、本件製品の製造に適した原材料であるか否かを受託者において判断することができることになる。

4.02　本契約においては、原材料の提供は、無償で行われ代金の決済は伴わない。これを有償で供給する形態もある（売買契約型）。なお、本契約においては、原材料の所有権や危険は常に委託者に帰属するので、受託者には移転しない。なお、製造コストを考慮した場合、すべての原材料を委託者から供給するというのは現実的ではない場合もある。そのような場合には、現地における一部の原材料の調達を許容することが考えられるが、その際にも一定の縛りをかけることにより、原材料の調達に関する適切性を確保する必要がある。

4.03　本項は、提供を受けた原材料についての受託者側の品質、数量検査義務（権利でもある）を規定する。数量の検査は容易にできるはずであるから、その結果についての報告期間は短くてよい。他方、品質については相当な期間を当事者間で検討の上記載すべきである。

4.04　本項は、前記検査の結果についての委託者側のとるべき措置について規定する。ここで重要なことは、受託者からの検査結果の正当性を委託者が判断する点である。また、本項の反対解釈から、受託者からの通知がない場合には、本項に定める委託者の善後策はとられないことになる。

4.05　本項は、受託者が前項の要件（通知）を充たした場合であっても、提供された原材料に何らかの手を加えてしまった場合には、品質などの点で問題があったとしても、これを容認して原材料を受領したとみなす旨の規定である。これは、いったん、手を加えてしまったのものについては、品質などの不一致が、受託者の受領前から生じていたものであるか、それとも、受領後に生じたものであるかの判断が困難になると考えられるからである。

4.06　荷印はあらかじめ特定しておくのが望ましい。

4.07　原材料の円滑な引き取りのための、委託者側の協力義務を定めた規定である。

4.08　本契約における原材料の所有権および危険は、受託者に提供された後も委託者に留保さ

れ、受託者は「善良なる管理者の注意義務」をもってこれを保管しなければならない。これを実質的に担保するために、保管場所や保管方法については、あらかじめできるだけ詳細に取り決めをしておくべきである。なお、第 14.02 項における委託者の立ち入り検査も同様の主旨の規定である。

■　**Samples of Products ／本件製品の見本**

Article 5　Samples of Products	第 5 条　〔本件製品の見本〕
5.01　ABC shall submit to XYZ ＿＿＿＿ ＿ (＿＿＿＿) of samples of each Product prior to commencement of the production of the Products by XYZ. Upon receipt of such samples, XYZ shall examine them and provide written confirmation that such samples are the finished goods which XYZ shall produce as the Products hereunder. After the foregoing procedure, XYZ shall keep any samples in its possession with the care of prudent custodian during the term of this Agreement.	5.01　ABC は、XYZ による本件製品の製造開始に先立って、各本件製品の見本を＿＿＿＿個ずつ XYZ に提供しなければならない。これらの見本を受領後、XYZ は、これらの見本を検討し、これらの見本が本契約のもとに XYZ が本件製品として製造すべき完成品であることの書面による確認の表示をする。前記の手続の後、XYZ は、本契約の期間中、かかる見本を善良な管理者の注意をもって保管する。
5.02　XYZ's written confirmation as described in the preceding paragraph shall be deemed as a representation and warranty by XYZ that XYZ has the full ability to produce the Products, with the Raw Materials, at a quality equivalent to or better than those of the samples received by XYZ pursuant to the preceding paragraph.	5.02　前項に規定された書面による確認の表示は、前項に従って XYZ によって受領された見本と同等かそれ以上の品質を有する本件製品を、XYZ が原材料を用いて製造する十分な能力を有することの XYZ による表明保証とみなされる。

第5条 〔本件製品の見本〕

　製品の見本品は、受託者の製造の基準であり、かつ、製造開始後の製品の完成度を確かめる基準となるものである。勿論、仕様書において、文章や図面等でこれらの基準を示すわけであるが、実物によってこれらを示すことは有益である。とくに、本契約において対象商品として想定されている衣料品であることを考えると、その意義はとくに大きいと思われる。

5.01　本項では、見本の提供時期とその保管について規定する。

5.02　受託者の製造能力は、契約締結前に委託者側で十分調査して、そのうえで、当該製造業者を受託者に任命すべきであるが、商業ベースでの生産に入る前に、もう一度その旨を確認し、その確認をもって一種の契約当事者としての適格の保証となすのが本項である。したがって、ひとたびこの保証をした以上、その後に見本と同等の製造が不可能であることが判明すれば、それは、本項の表明保証違反を構成することになる。

■　Production／製造

Article 6　Production

6.01　XYZ shall at its responsibility produce the Products with the Raw Materials at its factory in ＿＿＿＿＿ (hereinafter called the "Factory") in accordance with the Schedule, the Specifications and such instructions as given by ABC from time to time. ABC may change or modify the Schedule or the Specifications by sending a written notice to such effect and XYZ shall be bound by such changes and modifications.

6.02　XYZ hereby warrants that all Products which XYZ produced shall conform to all Specifications, descriptions, designs or other requirement notified by ABC and shall be in quality free from any defects, and fit and suitable for the purpose intended by ABC.

第6条　〔製造〕

6.01　XYZ は、その保管する原材料を用いて、＿＿＿＿＿所在の自社の工場（以下、「本件工場」という。）において、計画表、仕様書および ABC によって適宜与えられる指示に基づいて、その責任において本件製品を製造する。ABC はいつでも事前の書面による通知をなすことにより、計画表または仕様書を変更することができ、XYZ は常にかかる変更に従う。

6.02　XYZ は、XYZ により製造された本件製品が仕様書、その他 ABC から通知されたすべての仕様、詳細その他の必要項目を満たしており、瑕疵がなく、また ABC によって意図された目的に合致しているものであることを保証する。

6.03　XYZ は、本件製品の全量を ABC またはその指示する者に対して供給するものとし、いかなる方法をもっ

6.03 XYZ shall deliver all the Products to ABC or its designee and shall not transfer, sell or otherwise deliver the Products to any third party.

6.04 ABC agrees and acknowledges that actual numbers and quantities of the Products which will have passed the inspection as provided in Paragraphs 7.06 and 7.07 of Article 7 hereof will decrease by ____ % for the assumed numbers and quantities of the Products as provided in Exhibit 4 attached hereto during the production. If the decrease is more than ____ % of agreed limitation, XYZ shall be responsible for such decrease and shall compensate ABC the losses, the amount of which shall be calculated by ABC in accordance with its standard.

6.05 In addition to other covenants hereunder, XYZ covenants as follows:

(a) XYZ shall at its cost procure and maintain necessary employees, staff, machinery and other equipment to produce the Products in accordance with this Agreement;

(b) XYZ shall indemnify and hold ABC, its officers, directors and employees harmless in respect of any and all claims, demands,

てするとを問わず、第三者に譲渡、転売等してはならない。

6.04 ABCは、第7.06項および第7.07項に規定される検査を通過した本件製品の実際の数量が本契約書に添付された別紙4記載の原材料から製造される予定数量の____パーセントまで減少することを認める。____パーセントを超える減少分については、原材料およびそのXYZに対する輸出等に要した一切の費用はXYZの負担とし、ABCに対して支払う。

6.05 XYZは本契約の他の条項に基づく誓約事項に加え、以下の事項を確約する。

(a) 本件製品を本契約に従って製造することができるよう、必要な人員、機械、設備等を自己の費用で確保する。

(b) XYZの義務に関する不履行、過失等によって、または表明保証が不正確であったことによってABCおよびその役職員が被る損害、費用、責任からABCおよびその役職員を免責し、ABCおよびその役職員が何らの負担も負わないようにする。

damages, losses, liabilities or
expenses whatsoever suffered
or incurred by them arising out
of or in connection with any
fault, failure or omission by XYZ
in the performance of any of its
obligations or incorrectness or
inaccuracy of the representations
made.

解説

第6条 〔製造〕

6.01 製造向上の特定をし、計画表、仕様書および委託者の指示に従って製造する旨規定する。

6.02 受託者による本件製品の品質保証についての原則を定めている。

6.04 受託者は、仕様書に従って、委託者から提供される原材料から効率よく製品を製造しなければならないが、現実には、仕様書通りにいかないこともあり得る。この規定は、そのような場合に備え、とくに、予定数よりも少ない数量の製品しか製造できなかった場合について定めたものである。この範囲内で製造する限り、受託者は債務不履行にはならないことになる。なお、ここで示した別紙4には、製品ごとにどの原材料がどれだけ使用されるのかについてなるべく詳細に示しておくべきである。逆にそのような許容された範囲を超えた不足については、その負担、精算方法を記載しておくことが望ましい。

6.05 本契約のもとにおける製品の製造に関する責任は、すべて受託者に帰属する旨規定する。この契約は、そもそも受託者に一定水準以上の製造能力（技術も含む）があることを前提として締結されるものである（第5.02項参照）から、製造そのものについての責任は受託者が負うことになる。

　　なお、製造された製品の保管についても、保管方法や保管場所について、詳細に定めておくのが望ましい。ただし、一般的な保管義務については、第11条（所有権）などにおいて規定されているので、ここに規定がなくても、受託者は、その引渡しまで善良なる管理者の注意義務をもって保管する義務は負わなければならない。

　　また、第6.05(b)項は、本契約に基づく受託者の表明保証違反や義務の不履行等の場合の、受託者の損害賠償義務を定めた規定である。非常に広い範囲をカバーしている規定であるため、独立した規定として、その他の具体的なケースの場合の損害賠償義務などと合わせて規定することも考えられる。

Article 7　Delivery of the Products

7.01　XYZ shall export to ABC the Products without charge in accordance with the Schedule.

7.02　The port of destination shall be ＿＿＿＿＿ in Japan or such port as designated by ABC from time to time.

7.03　Any and all packing of the Products shall be suitable for transportation by sea, provided, however, that such packing shall be approved by ABC in advance.

7.04　Unless otherwise designated by ABC, the shipping mark as set forth in Exhibit 5 attached hereto shall be indicated in each outer package of the Products.

7.05　Immediately after shipment, XYZ shall notify ABC by facsimile of the name of the vessel, quantity of the Products loaded, the date of shipment, and the date of sailing. Additionally, XYZ shall, immediately after shipment, airmail directly to ABC bill of lading, packing list and any other documents necessary for ABC to receive the Products.

7.06　ABC shall, by itself or cause any third party to, inspect the appearance and quantity of the delivered Products comparing them with samples of the Products and the Specifications

第7条　〔本件製品の引渡し〕

7.01　XYZ は、計画表に従って、本件製品を無償で ABC に輸出する。

7.02　仕向港は、日本国（仕向港名の記載）または、ABC が随時指定する港とする。

7.03　本件製品のあらゆる梱包は、海上運送に適合したものでなければならない。ただし、かかる梱包は、事前に ABC によって了承されるものとする。

7.04　ABC から別段の指示がないかぎり、本契約書に添付される別紙5記載の荷印が本件製品の外箱に表示される。

7.05　船積み後直ちに、XYZ は ABC に対し、ファクシミリによって、船名、船積み数量、船積み日、および出航日を通知する。さらに、XYZ は ABC に対し、船積み後直ちに、直接航空便によって、船荷証券、梱包明細書その他 ABC が本件製品を受領するために必要なあらゆる書類を送付しなければならない。

7.06　ABC は、自らまたはその指定する第三者をして、本件製品の受領後＿＿日以内に本件製品の形状および数量を本件製品の見本および仕様書と比較して検査させ、明白な瑕疵または数量の不足を発見した場合は、その旨を本件製品の受領後＿＿日以内に XYZ に通知するものとする。

7.07　本件製品に関するすべての点についての最終検査は、ABC またはそ

within ____ (____) days after receipt thereof by ABC and if ABC discovers any latent defects or any deficiency in quantity, ABC shall give notice thereof to XYZ within ____ (____) days after receipt of the Products.

7.07 The final inspection as to the all matters regarding the Products shall be made by ABC or any third party designated by ABC at its relevant premises within ____ (____) days after receipt of the Products, and the decision based on such inspection shall be conclusive. XYZ shall comply with such decision in all respects.

7.08 The final inspection provided in the preceding paragraph shall be made pursuant to the inspection standards of ABC, the contents of which shall be disclosed to XYZ in advance. If ABC discovers any defects in any of the Products as the result of the final inspection or any problem with respect to the packing of the Products, ABC shall give notice therefore to XYZ within ____ (____) days after receipt of the Products.

7.09 Immediately after receipt of any notice given by ABC under this Article, XYZ shall take the appropriate measures as instructed or requested by ABC or are deemed necessary in the

の指定する第三者によって、本件製品受領後____日以内に実施されるものとし、当該検査に基づく決定は確定的なものとされ、XYZ は、あらゆる点においてかかる決定に従わなければならない。

7.08 前項記載の最終検査は、事前にその内容が XYZ に開示された ABC の検査基準に従って実施されるものとする。ABC が、最終検査の結果、本件製品に瑕疵を発見した場合または梱包に何らかの問題を発見した場合は、その旨を本件製品の受領後____日以内に XYZ に通知するものとする。

7.09 XYZ は、本条に基づいて ABC によって発せられた通知を受領した場合、直ちに、ABC の指示および要求に従って、必要と見なされる適切な措置を講じなければならない。

7.10 本契約に定めるいかなる規定にもかかわらず、瑕疵または不具合のある本件製品が発見された場合で、かかる瑕疵または不具合が XYZ の製造の過程において発生したか、もしくは発生したと ABC の合理的な判断において見なされる場合、またはその他何らかの XYZ の責めに帰すべき事由により発生したと判断される場合には、かかる瑕疵または不具合のある製品に関連して発生する一切の損害は、XYZ の負担とし、XYZ は ABC および ABC の役職員を免責し、損害を被らせないようにする。

circumstances.

7.10 Notwithstanding anything to the contrary contained herein, if there is any defective Products and, at ABC's reasonable decision, it is caused by or deemed to be caused during the manufacturing process of XYZ or in any way attributable to XYZ, any and all losses or damages arising out of or caused in relation to the said defective Products shall be fully borne by XYZ and XYZ shall indemnify and hold ABC and its officers, directors and employees harmless therefrom.

解説

第7条 〔本件製品の引渡し〕

7.01・7.02 本件製品の引渡しに関する規程である。完成品も無償で輸出されるという前提である。

7.03 製品によっては、特別な梱包方法を事前に具体的に定めておく必要があろう。

7.04 荷印についても、あらかじめ特定しておくのが望ましい。また、製品ごとの包装も受託者に委託するのであれば、そのデザインについてもあらかじめ定めておくのがよいと思われる。

7.05 本件製品を委託者が受領するための当然の受託者の協力義務を定めた規定である。

7.06 本項では、委託者側の第一次的な検査権を規定する。

7.07・7.08 本項は、最終的な検査に関する規定である。検査基準の内容はきわめて重要であるから、検査の方法、対象などについて、十分に検討して検査基準を定めるべきである。

7.09 検査結果に応じた対処策のパターンについては、ここでは具体的な定めになかったが、実際の取引においては、製品に応じて具体的に定めておくべきである。なお、製造代金の減額や損害賠償請求については、製造代金の条項（第8.04項）で規定した。

7.10 最終的にABCの製造過程において発生した本件製品の瑕疵等に基づく損害の負担を定めた規定である。

■ Product Price／製造代金

Article 8　Product Price

8.01　ABC shall pay XYZ the following prices for the Products (“Product Price”).

	Item of the Products	Product Price per Unit
(a)	*	*
(b)	*	*
(c)	*	*
*	*	*
*	*	*

8.02　In addition to the fee set forth in Article 8.01 hereof, ABC shall pay to XYZ the aggregate amount of (i) custom charge(s) and import tax(es) imposed on the Raw Materials by ____ government, (ii) expense(s) for transportation of the Raw Materials from [port] to the Factory, (iii) storage costs of the Raw Materials and Products, (iv) expenses for packing and transportation of the Products from [port] to [port] and (v) any taxes or levies imposed by government on export of the Products and (vi) insurance fee, the details of which shall be more specifically shown in the list prepared and provided by ABC to XYZ (the “Expenses”).

8.03　The Product Price and Expenses stipulated in the preceding paragraph shall be paid by ABC by telegraphic transfer remittance within _____（_____）days after

第 8 条　〔製造代金〕

8.01　ABC は XYZ に対し、次のとおりの製造代金を、_____通貨建で支払うものとする。

	製品名	製造代金単価
(a)	*	*
(b)	*	*
(c)	*	*
*	*	*
*	*	*

8.02　前項記載の製造代金に加えて、ABC は XYZ に対して、本件製品に関して、XYZ が原材料を受領してから ABC に本件製品が引渡されるまでに負担した費用のうち、(i)（XYZ 所在国）政府によって課される原材料の輸入に通関諸経費および税金、(ii) 原材料の [　　港] から本件工場までの運送料、(iii) 原材料および本件製品の保管料、(iv) 本件製品の梱包および運送料、(v) 本件製品の輸出にかかる公租公課、および（vi）保険料の合計額で、別途 ABC が定め XYZ に通知する基準に従って算出される金額を支払う。

8.03　第 8.01 項および第 8.02 項に規定する代金は、ABC によって、第 7.02 項に規定された日本国仕向港で ABC によって受領された後____日以内に、電信送金で支払われるものとする。なお、この際、XYZ が ABC に対して支払うべき金員がある場合は（第 4.05 項、第 6.05(b) 項、第 7.10 項に基づく損害賠償を

receipt by ABC of the Products at the port of destination in Japan provided in Paragraph 7.02. ABC may set-off any amount of claim which ABC has against XYZ (including without limitation the right of indemnity as set forth in Paragraph 4.05, 6.05(b), 7.10), if any, regardless of the payment due date of such claim.

8.04 The Product Price and Expenses set forth in Paragraph 8.01 and Paragraph 8.02 will become payable only with respect to the Products produced and delivered in accordance with the Specifications and Schedule, whose quality is equivalent to or better than the samples of the Products provided in Paragraph 5.01 hereof. With regard to any Product not delivered in accordance with the Schedule or which proves to be defective whether prior to or after the inspections made pursuant to Article 7, ABC may reduce the Product Price and the Expenses in proportion to the degree of the delay or defect and where ABC decides that the delay or defect is material, ABC shell not have to pay XYZ the Product Price and Expenses and may claim against XYZ for any damages incurved. If there is any difference between

当然に含む）、ABC は当該金額を差し引いた残額のみを支払うことができる。

8.04 第 8.01 項に規定された製造代金は、仕様書に完全に一致し、第 5.01 項に規定された本件製品の見本と同等かそれ以上の品質を有する製品で計画表に従って引渡された製品についてのみ支払われる。計画表から引渡しの遅れた製品について、また第 7 条による検査の結果または別の機会に瑕疵があることが判明した製品については、ABC は遅延や瑕疵の程度に応じて製造代金を減額することができ、ABC が遅延や瑕疵が著しいと判断した場合には、ABC は製造代金を XYZ に払わないことができ、かつ、それによって生じた損害について賠償請求できる。また、ABC が輸出し XYZ が受領したか、または ABC が原材料の供給に関する義務を履行したものと見なされる原材料の数量をもってすれば XYZ が製造しえたはずの本件製品の数量から、実際に第 7.02 項に基づき ABC が受領する本件製品の数量との乖離は、XYZ が負担すべき損害とする。したがって、ABC はかかる乖離から生ずる損害を計算して XYZ に請求するものとし、XYZ は請求あり次第、直ちに支払う。

8.05 本契約に基づく ABC から XYZ に対する支払いは、XYZ が ABC に対して支払いをなすべき金額がある場合にはその支払い時期にかかわ

the quantity of the Products which have actually been delivered to ABC pursuant to Paragraph 7.02 hereof and the quantity of the Products which should have been produced using the Raw Materials delivered by or deemed to be delivered by ABC, XYZ shall be responsible for the difference. ABC shall calculate the above-mentioned difference and request XYZ for payment, which payment shall be immediately due and payable upon the request.

8.05 Any payment by ABC to XYZ hereunder may be made after deduction of any claim which ABC has against XYZ regardless of the payment due date of such claim.

らず当該金額を差し引いて、差額のみを支払うことができる。

解説

第8条　〔製造代金〕

8.01　製造代金については、製品に応じてその単価を定めておく。製造代金を一定期間ごとに見直す可能性があるのであれば、別紙で契約書に添付する形式がよいであろう。

8.02　委託者と受託者の間で精算されるべき費目としては、様々な費用がある。原材料の輸出、本件製品の輸入など多くのプロセスを踏んで完了する委託の場合には、その過程で発生する費用は様々であり、また変動するものもあればしないものもある。そのようなものをすべて製造代金に入れ込んで製造代金を設定して精算する方法もある。しかし、多くの種類の費用等を吸収した料金設定は、いずれかの当事者に費用の変動のリスクを取らせることにもなる。したがって、一定の費用については、現実にかかった金額をベースとして、製造代金とは別立てで精算することが考えられ、本契約はそのような方式を前提としている。ただし、委託者側から見た場合には、償還する費用項目はより限定的に、かつ算出の合理性も確保するという観点から、その基準も予め定めておくことが望ましい。

8.03　本契約においては、製造代金の支払いは電信送金の方法によった。なお、委託者が支払うべき金額がある場合に、逆に委託者が受託者より支払いをうけるべき金額がある場合

には、差引き後の金額のみを支払うことが、委託者の債権保全の点では有利であるため、その点を明確にしてある。

8.04　本条に規定する代金の支払いは、完全な製品の引渡しの後であり、委託者にとって有利な後払いとなっている。

8.05　第8.03項の最後の部分と同趣旨で、差引決済によることを明確にしてある。

■　Insurance／保険

Article 9　Insurance	第9条〔保険〕
9.01　XYZ shall at its own expense insure the Raw Materials and the Products with a reputable insurance company for all losses, damages, theft, injuries, disappearance or destruction from any cause while such Raw Materials and Products are in the possession or custody of XYZ.	9.01　XYZ は、自己の費用をもって、原材料および本件製品を XYZ が占有または保管中、あらゆる原因による損失、損害、盗難、破損、消失、または損壊に対して、これらの原材料および本件製品に、評価の高い支払能力のある保険会社による保険を付保しなければならない。
9.02　The amount to be insured, as well as other details pertaining to the insurance contract, shall be decided by ABC. ABC shall be named in the policy or policies as the beneficiary and a copy of any policy shall be delivered to ABC.	9.02　付保される金額および保険契約の種類や内容は、ABC が決定する。ABC は、保険証券上に保険金受取人として記載されるものとし、保険金請求をするのに必要な措置およびその他の適切な措置をとらなければならない。
9.03　In case an insured event occurs, XYZ shall notify ABC immediately and shall take all necessary measures to make the insurance claim and to take any and all other appropriate measures based on ABC's instruction.	9.03　保険金請求の対象となるような事故が発生した場合においては XYZ は、直ちに、その旨を ABC に通知し、かつ、ABC の指示に従って、保険金請求をするのに必要な措置およびその他の適切な措置をとらなければならない。

解説

第9条〔保険〕

9.01　この契約においては、原材料から完成品にいたるまでの危険は常に委託者の負担となる

ため、必ず保険をかけておくべきである。保険契約の締結手続などについては、現実に製品等を保管する受託者に委ねるのが合理的である。付保の費用については、委託者の負担とすることもできるが、製造代金（前条に規定）を決定する際に付保費用についても考慮するようにすれば、受託者に一方的に酷になることはない。

9.02　保険契約の内容については、付保の対象となる製品等の所有者である委託者が決定すべきである。また、保険金の受取人は当然委託者とすべきであるから、その旨も明記すべきであるし、保険証券も委託者が保管するようにすべきである。この証券の引渡しは、受託者が本項によって規定された通りの保険契約を締結したことの確認の意味も有する。なお、委託者が付保手続を容易にすることができるのであれば、委託者自身が行うにこしたことはない。また、保険会社の選択や、付保の範囲、および掛け金等の保険の内容についても、委託者が指示することができる旨を記載するのも有益である。

9.03　保険事故の発生についての通知の規定である。保険金請求の手続は、保険証券を所持していることながら、委託者が直接行うことも可能である。

■　Security ／担保

Article 10　Security	第 10 条　〔担保〕
In case where ABC so requests to secure ABC's claims and/or rights to XYZ hereunder, XYZ shall furnish to ABC any security or additional security, or such guarantor(s) or additional guarantor(s), as may be requested and approved by ABC.	本契約に基づく ABC の XYZ に対する請求権または権利を保全するために必要と ABC が判断し、要求したときは、XYZ は直ちに ABC の承認する担保もしくは増担保を差し入れ、または保証人を立てもしくはこれを追加しなければならない。

解説

第 10 条　〔担保〕

　製品等の危険については、前条による保険によってカバーするが、これ以外に、受託者の債務不履行に対する損害賠償請求権などを保全するために、物的または人的担保を受託者に提供させることができるようにしている。

■　Title ／所有権

Article 11　Title	第 11 条　〔所有権〕
The absolute title to Specifications, Schedule, any and all Raw Materials and samples thereof, Products and samples	仕様書、計画表、原材料およびその見本、本件製品およびその見本、原材料によって製造された半完成品、ならびに原材料の細

thereof, semi-finished goods which are produced with the Raw Materials, shall remain the sole property of ABC at all times. XYZ shall keep them always with sufficient care of a good custodian and upon request by ABC, shall affix a note or warning regarding ownership and the intellectual property rights in the manner designated by ABC.

片および屑の所有権は、いかなる場合においても ABC に帰属する。XYZ は、それらを善良な管理者の十分な注意をもって保管しなければならず、ABC が要求する場合には、XYZ は ABC の指定する方法による所有権等の表示をなすものとする。

解説

第 11 条 〔所有権〕

この契約においては、委託者から受託者に提供される原材料やそのサンプル、半完成品、完成した本件製品から原材料の屑にいたるまで、すべてが、常に、委託者の所有権に帰属することを明記した規定である。

■ Intellectual Property Rights and Technical Information ／知的財産権および技術情報

Article 12　Intellectual Property Rights and Technical Information

12.01　XYZ acknowledges that any and all patents, designs, utility models, trademarks used or embodied in the Specifications and/or Products, technical information provided by ABC in connection with the production of Products and tradename of ABC shall remain the sole property of ABC and XYZ shall not in any way dispute ABC's rights in connection with them.

12.02　XYZ shall not register or create any right on, ABC's intellectual property rights provided in the

第 12 条 〔知的財産権および技術情報〕

12.01　XYZ は、仕様書および本件製品に使用されるかまたは含まれているすべての特許権、意匠権、実用新案権、商標権、本件製品の製造に関して ABC から提供された技術情報、および ABC の商号が、ABC の固有の財産に属することを確認し、かつ、これらに関する ABC の権利についていかなる意味においても争わないことを確認する。

12.02　XYZ は、いかなる国または地域においても、前項に記載される ABC の知的財産権および技術情報につき、自己または第三者の名義をもって登録しまたは何らかの権利を設定してはならない。

preceding paragraph in its name or any third party's name in any country or territory.

12.03 XYZ shall not use ABC's intellectual property rights and/or technical information as provided in Paragraph 12.01 for any purpose other than for the purposes of this Agreement. In particular, XYZ shall not use ABC's intellectual property rights or technical information for the benefit of itself or any third party even after the term of this Agreement.

12.04 In case XYZ becomes aware of any infringement by any party of ABC's intellectual property rights or technical information, XYZ shall immediately notify ABC of such fact and take an appropriate measure to protect ABC's rights and interests based on ABC's requests.

12.03 XYZ は、第 12.01 項に記載される ABC の知的財産権および技術情報を本契約の目的以外の目的に使用してはならない。特に、本契約期間終了後においても、ABC の知的財産権および技術情報を自己または第三者のために利用してはならない。

12.04 XYZ は、ABC の知的財産権その他の権利を侵害する事実を覚知した場合には直ちに ABC に通知するとともに、ABC の依頼に基づき、ABC の権利を保全するために必要な措置を取る。

解説

第 12 条 〔知的財産権および技術情報〕

　本契約は、単なる製造の委託にすぎず、知的財産権の帰属や登録する権利が、もっぱら委託者に留保されているのは当然であるが、そのことを明文をもって確認したのがこれらの条項である。

■　**Technical Advice ／技術上の助言**

Article 13　Technical Advice

　XYZ may, at its expense, request ABC to make the technical advice relating to the production of the Products hereunder.

第 13 条 〔技術上の助言〕

　XYZ は ABC に対し、自己の費用をもって、本契約のもとにおける本件製品の製造について技術上の助言を求めることができる。

解説

第13条 〔技術上の助言〕

　質のよい製品を製造するための、委託者の協力義務を定めたのがこの規定である。製品によっては、特許権等の取扱いが非常に重要な点となる場合があるが、そのような場合には、特許権等の取扱いについては、技術援助契約等におけるように詳細に規定することが必要となろう。

■　Information and Reports ／情報および報告

Article 14　Information and Reports	第14条　〔情報および報告〕
14.01　During the term of this Agreement, XYZ shall periodically furnish ABC on a quarterly basis written reports showing stock conditions of the Raw Materials, semi-finished goods, the Products and the Raw Materials, quantities thereof, the stage of the production and other information required by ABC. XYZ shall also provide ABC with a similar written report from time to time pursuant to ABC's particular requests.	14.01　本契約期間中、XYZ は ABC に対し、原材料、半完成品、本件製品および原材料の細片および屑の保管状態、それらの数量、製造の進捗状況およびその他の ABC が要求する情報を記載した 3 ヶ月ごとの書面による定期的報告書を提出しなければならない。XYZ は、とくに ABC が要求する場合には随時、前記と同様の報告書を提出しなければならない。
14.02　ABC (and its personnel) shall have the right to, at any reasonable time, visit XYZ's offices, plants and/or storage warehouses for the purpose of inspecting the production of the Products, stock condition of the Raw Materials and samples thereof, semi-finished goods, the Products and samples thereof, and rags and/or flocks of the Raw Materials. XYZ shall cooperate and provide adequate	14.02　ABC はいつでも合理的なときに、本件製品の製造状況、原材料およびその見本、半完成品、本件製品およびその見本、ならびに原材料の細片および屑などの保管状況を検査する目的で、自己の代理人を XYZ の事務所、工場または倉庫に派遣する権利を有する。XYZ は、このような検査のための適切な施設、XYZ の品質保証データならびにその他の必要な書面および情報を提供するものとする。

facilities for such inspection,
XYZ's quality assurance
data and further necessary
documentation and information.

解説

第 14 条 〔情報および報告〕

14.01　本項は、本契約に基づく原材料などの保管や製品の製造が適正に行われることを担保するための規定である。報告書の形式については、あらかじめ必要事項を列挙した書式を作成しておくべきであろう。定期報告の期間については、ここでは 3 ヶ月と定めたが、商品によって異なると思われる。本条のように、受託者に対して定期的報告に加えて委託者の要求に応じた報告義務を定めているような場合には、報告の期間はこの程度でもそれほど不都合ではないであろう。

14.02　本項では、前項に加えて、委託者に立入り検査権を規定した。これは、前項の報告書の内容の正確性を担保する意味もある。

■　**Confidentiality／秘密保持**

Article 15　Confidentiality

15.01　During the term of this
Agreement and thereafter,
XYZ shall keep in confidence
all business and technical
information (hereinafter
collectively called
"Information"), in whatever
form, whether tangible or
intangible, which ABC discloses
or supplies to XYZ prior to
executing this Agreement or
pursuant to this Agreement.

15.02　Any Information will be disclosed
to the limited employees of XYZ
having a need to know or to
receive such INFORMATION to
produce the Products and shall

第 15 条　〔秘密保持〕

15.01　本契約の期間中およびその後も、XYZ は、本契約の締結に先立って、または、本契約に基づき ABC から XYZ に開示または提供されたすべての業務および技術情報（以下、まとめて「本件情報」という 。）を、それがいかなる形式であろうと、また有形無形を問わず、秘密扱いとして保護し、また本契約を履行するために必要な限度でのみ使用しなければならない。

15.02　いかなる本件情報も、本件製品の製造に使用するためにかかる情報を知りまたは受領する必要がある限定された XYZ の役職員に対してのみ開示され、それが提供された目的のみに使用されなければな

be used solely for the purpose for which it was furnished. Also XYZ is obliged to take necessary steps to protect the Information from disclosure, leakage or non-permitted usage, and shall be responsible for any losses or damages arising out of the disclosure, leakage or non permitted usage by its officers, directors or employees (including the former officers, directors and employees).

らない。また、XYZ はその役職員による本件情報の漏洩や流用がなされないように適切な措置を取る義務を負い、役職員（XYZ を退職した役職員を含む）による漏洩、流用についても XYZ の責任とする。

解説

第 15 条 〔秘密保持〕

　本契約においては、製品の見本や仕様書その他を通じて、委託者からさまざまな情報が受託者に開示・提供されるので、秘密保持条項は必ず規定すべきである。対象となる情報の範囲については、契約期間中に提供されるものに限らず、契約締結前にこれを前提として、あるいは、契約締結のために（受託者が委託を受け入れるか否かの判断をするためには、対象商品に関する一定の情報を検討することが不可欠である。）提供される情報も含めるべきである。また、情報と一口にいっても、その開示・提供される形式はさまざまであろうから、その点にも留意した規定が必要である。

　また、情報の従業員等による漏洩に対して対処する義務が受託者にあることを明確にしている。

■　Term ／期間

Article 16　Term

16.01　This Agreement shall be effective on the date first above written and shall continue to be valid and effective for a period of one (1) year unless otherwise terminated under the provision of Article 17 or 19 hereof.

16.02　This Agreement shall be

第 16 条 〔期間〕

16.01　本契約の有効期間は、本契約第 17 条または第 19 条に従って解約されない限り、本契約の冒頭に記載された日から 1 年間とする。

16.02　本契約は、現契約期間の満了または延長期間満了の少なくとも 3 ヶ月前までに、いずれかの当事者が相手方当事者に対して終了の意志

automatically extended on a
yearly basis, unless either party
shall give the other party notice
of an intention of termination in
writing at least three (3) months
prior to the expiration of the
original term or any extension
period.

を書面によって通知しない限り、
1年毎に自動的に延長される。

解説

第16条　〔期間〕

　契約期間は、本契約に基づく権利義務の原則的存続期間である。本条では、更新についてとくに異議のない限り自動的に更新されるとしているが（第16.02項）、受託者との関係や信頼の程度によっては、原則終了とする方法もある。受託者による履行能力等が未だ未知数である場合においては、当初の期間を短く設定することで、委託者による委託先選択の自由度を高くしておくことは一般には好ましいと思われる。ただし、いずれかの当事者において一定の設備投資等を要するケースでは、最初の契約期間が1年というのは短いとも考えられ、適切な期間を選択する必要がある。

■　Termination ／解約

Article 17　Termination

17.01　Either party may terminate
this Agreement without any
compensation by giving ten
(10) days written notice thereof
to the other party, if the other
party breaches any term or
condition of this Agreement
and fails to cure such breach
within fourteen (14) days
after the service of a written
notice of request to cure such
breach. Also ABC may terminate
this Agreement immediately
without notice and without any

第17条　〔解約〕

17.01　いずれの当事者も、その相手方が
本契約の条項または条件のいずれかに違反し、かつ、その違反の是正を要求する書面による通知後14日以内にその違反が解消されない場合においては、書面による10日前の通知を行うことによって、何らの補償金を支払うことなく、本契約を解約することができる。なお、ABCは、XYZが第6.03項、第12.02項または第12.03項のいずれかの条項に違反した場合には、何らの催告を要することなく直ちに本契約を、何らの補償

compensation if XYZ breaches Paragraph 6.03, 12.02 or 12.03.

17.02 Either party may terminate this Agreement without any compensation by giving twenty-four (24) hours prior written notice of termination to the other party, where the other party;

(a) files a petition in bankruptcy or its adjudicated bankrupt, makes a general assignment for the benefit of creditors, becomes insolvent or is otherwise unable to meet its obligations for a period of one (1) month;

(b) makes any material false representations, reports or claims in connection with or relating to the performance of this Agreement; or

(c) engages in fraudulent or criminal conduct in connection with the business relationship of the parties hereto.

17.03 Expiration or termination of this Agreement shall not relieve the parties hereto from their obligations due at the time of such expiry or termination, nor shall expiry or termination prejudice any claim of either party accrued on account of any default or breach by the other party.

17.04 In case XYZ holds a stock of the

金を支払うことなく解約することができる。

17.02 いずれの当事者も、その相手方に以下の事態が生じた場合においては、書面による24時間前の通知のみを行うことによって、何らかの補償金を払うことなく、本契約を解約することができる。

(a) 破産手続開始の申立を行った場合、破産手続開始決定がなされた場合、債権者のための財産委託を行った場合、支払不可能となった場合またはその責務を1ヶ月連続で果たすことが不可能となった場合、

(b) 本契約の履行に関連して、重大な虚偽の説明、報告または請求を行った場合、または、

(c) 両当事者の業務関係に関する不正または犯罪行為を行った場合。

17.03 本契約の期間満了または解約によっても、本契約の当事者は、かかる期間満了または解約の時点において履行期の到来している債務から解放されるものではなく、期間満了または解約によって、他方当事者の契約違反によって一方当事者にすでに生じた請求権は何ら影響を受けない。

Raw Materials, semi-finished goods, the Products undelivered to ABC, at the time of expiry or termination of this Agreement, XYZ shall reship such materials as stocked to ABC, within thirty (30) days after request by ABC for reshipment. The costs and expenses of such reshipment shall be borne by XYZ except for the termination by XYZ pursuant to Paragraph 17.01 or 17.02.

解説

第 17 条　〔解約〕

17.01　契約期間満了による終了のほか、一方当事者の契約違反、破産等の契約遂行能力の喪失の場合には、その相手方当事者は、契約関係を終了させることができるようにしておくのが通常である。第 17.01 項、第 17.02(a) 項は、それらの解約事由を記載した一般的規定である。なお、第 17.01 項の前段と、第 17.02 項はいずれも双務的に、委託者、受託者のどちらにそのような事態が発生しても相手方が解除できるという規定となっている。しかしながら、委託者から見た場合には、相手方の履行態様によっては一方的に解約したいといった場合があるはずであり、その点を特に記載したのが第 17.01 項の後段である。ここでは、委託者のみが、受託者の特定の条項違反を理由として解除できることを規定している。

　　また、本契約は、当事者間の信頼関係を基礎とする継続的契約関係であるから、本契約に規定する具体的な義務違反以外の当事者の信頼関係を破壊するような行為があった場合にも、その相手方において契約を終了させることができる旨規定したのが第 17.02(b) 項、(c) 項である。

　　第 17.01 項の前段においては、一定の治癒期間を与えるようにしており、後段では委託者にとって非常に重要と考えられる事項に受託者が違反したケースでは即座に解除できることとしている。第 17.02 項も、その性質上、治癒期間を与えない即時解約を定めた。ただし、本契約が長期契約として締結され、または延長が繰り返され結果的に長期の契約となった場合には、裁判などにおいて、解約事由は、信頼関係を破壊するような重大な義務違反に限定されると解され、仮に、ある条項に規定された義務の不履行を即時解約事由として規定しても否定される可能性もあるので注意が必要である。

17.02　契約が終了（期間満了による場合を含む。）した場合の事後処理についての規定も必要

である。第 17.03 項は、契約終了後においても、終了時点までに履行期の到来してい
る債務については、その履行義務を免れない旨を確認的に規定している。

17.03　契約終了時に受託者側に占有されている製品などの取扱いについても、事前に規定して
　　　　おかないと後にトラブルのもとになるので、必ず規定する必要がある（第 17.04 項）。

■　Assignment ／譲渡

Article 18　Assignment	第 18 条　〔譲渡〕
This Agreement or, any rights or obligations hereunder shall not be transferred or assigned by either party without the prior written consent of the other party.	いずれの当事者も本契約または本契約の下におけるいかなる権利もしくは義務を、相手方の書面による事前の承諾なく、譲渡してはならない。

解説

第 18 条　〔譲渡〕
　　委託加工契約上の地位は当事者間の経済的・人的信頼関係を基礎にするものであるから、この
ような地位は、本来、第三者に譲渡されるべき性質を有しない。また、受託者の既発生の手数料
請求権のような債権は、特定された一個の債権にすぎないので、性質上は譲渡可能であるが、当
事者間の信頼関係の維持を考慮するかぎり、相手方（譲渡債権の債務者）の事前の承諾を要件と
してのみ譲渡性を認めるのが妥当である。
　　なお、本条以下に規定される各条項は、ほとんど国際契約に共通の一般条項たる性質を有する
規定である（これらを、「Miscellaneous Provisions ／雑則」という表題のもとにまとめて規定
することが多い）。

■　Force Majeure ／不可抗力

Article 19　Force Majeure	第 19 条　〔不可抗力〕
19.01　Neither party shall be liable for any loss, damage, delay or failure to perform resulting directly from fire, flood, explosion, civil disturbances, war, strikes or work stoppages, inability to secure raw materials, or resulting from the laws, regulations, act or failure to act	19.01　本契約のいずれの当事者も、火災、洪水、爆発、暴動、戦争、ストライキ、その他の作業中断、原料の確保不能、または法律、規則、政府の作為不作為、または、その他当事者の合理的統制力の及ばない原因に直接的に起因する紛失、損傷、遅延または不履行に対して責任を負わない。

of any government authority, or resulting from any other causes beyond its reasonable control.

19.02 Failure of either party to perform under this Agreement, because of the endurance of an event of force majeure more than three (3) months, will give a right to terminate this Agreement by the other party on twenty-four (24) hours written notice.

19.02 不可抗力のために、当事者の一方が 3 ヶ月以上にわたって本契約を履行できない場合は、その相手方は、書面による 24 時間の事前通告で本契約を何らの補償金を支払うことなく、解約することができる。

解説

第 19 条 〔不可抗力〕

　不可効力についての一般的な規定である。この条項では決まり文句的な用語が記載されているが、相手方の具体的な環境を考慮して、できるだけ具体的に不可抗力事由を記載すべきである。

■ Disclosure ／開示

Article 20　Disclosure

　The contents of this Agreement shall remain confidential. Where requested by law or arbitrator, it may be disclosed to any court of law, legislative body, or filed with, or disclosed to, any government organization, agency or arbitrator(s), in which case the party making such disclosure shall promptly inform the other thereof.

第 20 条　〔開示〕

　本契約は秘密扱いとする。法律または仲裁人が開示を要求する場合には、本契約は、法廷、立法府に開示し、政府、政府機関または仲裁人に提出もしくは開示できる。この場合、そのような開示をする当事者は、速やかにその開示について相手方に通知する。

解説

第 20 条 〔開示〕

　契約書自体も当事者間の秘密事項とすべきであるが、法律などによって関係行政当局に届出が求められる場合や紛争解決機関に証拠として提出する場合などが考えられるので、限定的に契約書の開示を規定している。

■ Severability ／分離条項

<table>
<tr><td>

Article 21   Severability

   If any provision of this Agreement is found invalid or unenforceable, the validity or enforceability of the remaining provisions or portions hereof shall not be affected thereby, unless the invalid or unenforceable provision is material and essential to either one of the parties.

</td><td>

第 21 条 〔分離条項〕

   本契約のいずれかの条項が無効または拘束力を持たないことが判明しても、かかる条項がいずれか一方の当事者にとって重大または不可欠なものでない限り、それは、他の条項の有効性および拘束力に何ら影響を及ぼさない。

</td></tr>
</table>

解説

第 21 条 〔分離条項〕

   この条項は、本契約中のいずれかの規定や条件などが法令や裁判などによって無効とされたり、拘束力を喪失させられたりした場合であっても、それ以外の条項の有効性は損なわれない旨を規定するものである。

   契約を締結する場合においては、契約の対象となる事項についての関連法規を事前に十分調査し、契約に規定する権利義務が適用されうる法令に違反しないようにすべきであるが、各種の取引関係を規制するための経済法規や政令などは、その解釈や運用に幅があったり、経済社会状況の変化によって解釈や運用が変更されたりすることが往々にしてある。とくに、国際契約においては、相手方国の規制についての十分な調査が及ばず、仮に準拠法を日本法としていても契約締結後にある条項が相手国の強行法的性格を持つ法令に違反することが指摘されたりすることもあり得る。本条項は、そのような事態に備えて、仮に、そのような事態が発生しても、契約全体および当該条項以外の規定の有効性には何らの影響も及ぼさないことを規定して契約の存続を維持するためのものである。もっとも、無効とされる条項が、当該契約の本旨に関わるものであるような場合においては、たとえ本条項によっても、契約全体の無効を避けることはできない。

■ Non-Waiver ／権利義務等の不放棄

<table>
<tr><td>

Article 22   Non-Waiver

   A waiver of any claim, demand, or right based on the beach of any provision of this Agreement shall not be construed as a waiver of any other claim, demand or right based on a subsequent beach of the same or any other provision.

</td><td>

第 22 条 〔権利義務等の不放棄〕

   本契約のいずれかの条項違反から生じた請求、要求または権利を放棄しても、それは同様の条項またはその他の条項に以後違反した場合になしうる請求、要求または権利の放棄とは解釈されない。

</td></tr>
</table>

解説

第 22 条 〔権利義務等の不放棄〕

　本件のような一定期間継続する取引においては、相手方当事者に不履行が生じてもその度合いが比較的軽微な場合には、損害賠償請求や解約権の行使をせずに済ませることもある。しかし、そのような対応が権利の放棄であると解釈されて、以後同種の不履行が生じた場合に不履行責任を追及できなくなるという危険がある。国内での契約関係においても、不履行を重ねた当事者が、相手方から責任を追及された場合に、前回はとがめられなかったのになぜ今回に限って責任追及されるのか、といった主張をしてくることがあるが、本条項は、まさにこのような事態を避けるために有益な規定である。

■　Notice ／通知

Article 23　Notice

　All notices, demands and other communication to be given hereunder by either of the parties hereto shall be made in writing and shall be deemed to have been duly given or made if delivered personally, sent by registered airmail, or facsimile or e-mail followed by a confirmation letter by a registered airmail, to the addresses first hereinabove written, or such other address of the other party as may be notified by such other party pursuant to the provisions of this Article as and when the said other party changes its address during the term hereof.

第 23 条　〔通知〕

　両当事者の本契約に基づくすべての通知、請求その他の連絡は、直接手渡されるか、ファクシミリまたは電子メール（送信後、書留航空郵便で確認の書状を送付する必要がある）によらねばならず、かかる方法で冒頭に書かれた住所宛に発信された時点で通知がなされたものとみなす。また、当事者のいずれかが本契約期間中に住所を変更する場合は、本条の規定に従い通知される住所宛になされるものとする。

解説

第 23 条 〔通知〕

　地理的に離れた当事者の連絡に行き違いがないように、意思表示の伝達方法およびその効果について規定したのがこの条項である。

　意思表示の効果の発生時期については発信主義と到達主義とが考えられるが、本契約で規定した方法はいずれもほぼ瞬時に到達すると考えられるため、発信主義によっている。

■ Entire Agreement ／完全合意

Article 24　Entire Agreement

24.01　This Agreement, including its Attachments, represents the entire understanding and agreement between the parties hereto as to the subject matters hereof and supersedes any prior or contemporaneous agreement or understanding, written or oral, express or implied, between the parties relating to the matters described herein.

24.02　This Agreement can be modified only by written amendments signed by authorized representatives of both parties.

第24条　〔完全合意〕

24.01　本契約は、その添付書類を含めて、本契約に規定する事項に関する両当事者の完全な合意および了解事項であり、書面もしくは口頭によって、本契約締結以前または同時になされたあらゆる合意または了解事項にとってかわるものである。

24.02　本契約は、両当事者の正当な代表者が署名した書面によってのみ修正することができる。

解説

第24条　〔完全合意〕

　本条項は、本契約の対象となる取引に関して、契約締結以前に当事者間で取り交わされた取引条件や契約締結交渉課程においてなされた当事者間の合意があったとしても、本契約の締結によってそれらはいずれも効力を失い、本契約が当事者間における唯一最終の合意であることを規定する。

　なお、本条項の存在によって、本契約の修正や追加変更は、契約書中に定められる厳格な方式によってのみ認められることになる。

■ Authoritative Text ／公式文書

Article 25　Authoritative Text

　This Agreement is executed in Japanese as a original in two original copies. If any translation of this Agreement is prepared and there is any discrepancy between such translation and Japanese version, the Japanese original shall prevail.

第25条　〔公式文書〕

　本契約書は、日本語を正本とし、原本2部を作成する。仮に、本契約の他言語による翻訳が作成された場合でも、かかる他言語と日本語の解釈について齟齬が生じた場合には、日本語が優先する。

第 25 条 〔公式文書〕

　国際契約の場合には、使用言語の異なる者どうしの間で締結されることが多く、それぞれの言語で契約書を作成しようとしても、厳密な意味においてそれらの同一性をはかることは不可能に近い。そこで、解釈上の不一致を極力回避するために、単一の言語によって契約書を作成するのが一般的である。複数の言語を用いて、それぞれの言語をもって表記されたテキストをいずれも公式文書とすることもあるが、その場合には、言語の異なるテキスト間で解釈に争いが生じたときに備えて、いずれの言語によるテキストをそのような場合に優先させるかを決めておく必要がある。

■　Governing Law ／準拠法

Article 26　Governing Law	**第 26 条　〔準拠法〕**
The validity, interpretation and performance of this Agreement shall be governed by and in accordance with the laws of Japan [,excluding the United Nations Convention on Contracts for the International Sale of Goods].	本契約の有効性、解釈および履行は、[国際物品売買に関する国連条約を除き、] 日本法に従う。

第 26 条　〔準拠法〕

　国際契約では、契約当事者が異なる国に属し、しかも、それらの国の法律はお互いに内容を異にしている場合がほとんどである。そこで、当該契約をいずれの国の法律によって解釈すべきかという問題が生じる。この点については、当事者間の意思によってこれを選択することができるとする原則（当事者自治の原則）を採用している国がほとんどである。なお、国によっては、準拠法の選択を当事者の意思に委ねず、契約締結地や契約履行地などによって客観的に準拠法を決定する法制をとっていることもあるので、注意が必要である。

＜ウィーン売買条約＞

　国際的な物品の売買契約については、「国際物品売買契約に関する国連条約」（ウィーン売買条約）が日本についても効力を発生している。この条約の特徴は、明示的に排除しない限り自動的に適用され、国内法に優先することである。きわめておおまかに言うと、契約書でいろいろな事項を細かく定めてウィーン売買条約の適用を排除するという選択肢と、逆に契約書は結ばずに全面的にウィーン売買条約のみに従うという選択肢があり得ると思われる。ウィーン売買条約の適用を排除するのであれば、例文中の [ ] で示したような文言を入れるのがよい。

■ Arbitration ／仲裁

Article 27　Arbitration

All disputes, controversies or differences arising out of or in connection with this contract shall be finally settled by arbitration in accordance with the Commercial Arbitration Rules of The Japan Commercial Arbitration Association. The place of the arbitration shall be Tokyo, Japan.

第27条　〔仲裁〕

この契約から又はこの契約に関連して生ずることがあるすべての紛争、論争又は意見の相違は、一般社団法人日本商事仲裁協会の商事仲裁規則に従って仲裁により最終的に解決されるものとする。仲裁地は東京（日本）とする。

解説

第27条　〔仲裁〕

　国際取引から生じる紛争を解決するために、訴訟を提起するという方法があるが、相手国の裁判所でその国の手続法によりその国の言語で裁判をするのは、コストがかかる上に、公正な裁判が期待できない国もある。そこで、当事者双方が選任権を有する仲裁人により、合意した手続ルールや言語によることができる仲裁によって紛争を解決するという方法が国際取引ではよく使われている。仲裁によれば、迅速に、それゆえに安価に紛争を解決することができ、しかも強制執行が必要となる場合にも、判決よりも仲裁判断の方が多くの国が締約国となっている条約があるためにスムーズだからである。

　仲裁条項のドラフティングでは、仲裁の対象となる紛争の範囲、仲裁機関、仲裁規則、仲裁地などを明確に規定する必要がある。この条項は、日本商事仲裁協会（JCAA）の商事仲裁規則に従って東京での仲裁より紛争解決をすると定めるものである。このような仲裁合意をしておけば、相手方が訴訟を提起してきても、その訴えの却下をもとめることができる。詳しくは「III. 仲裁条項のドラフティング」参照。

■ Headings ／表題

Article 28　Headings

The headings used in this Agreement are inserted for convenience of reference only and shall not be used to construe or interpret this Agreement.

第28条　〔表題〕

本契約において使用される表題は、単に参照の便宜のために挿入されたものであり、本契約の解釈のために用いてはならない。

第 28 条 〔表題〕

　各条項の「見出し」の拘束力について規定する。表題は、もっぱら、契約書を読みやすくして、問題となる事項に関する条項の検索を容易にする目的のもとに付けられるものであるから、契約内容の解釈には無関係であることを明記している。

■　末尾文言および署名欄

IN WITNESS WHEREOF, the parties hereto have caused this Agreement to be duly executed as of the day and year first above written by their duly authorized representatives. ABC :_____ Name: Title: XYZ :_____ Name: Title:	本契約を証するため、両当事者は、適法に授権された代表者により、冒頭記載の日付に、本契約を締結した。 ABC :_____ 氏　名： 資　格： XYZ :_____ 氏　名： 資　格：

解説

末尾文言

　"IN WITNESS WHEREOF" ではじまる決まり文句である。この契約が両当事者の権限を有する正当な代表者によって調印され発効したことを宣言するまとめの部分である。

署名欄

　署名欄には、代表権を示す署名者の肩書はもちろん、遠隔地間で離れて調印する場合には、調印の日付や場所をそれぞれ記載しておくべきである。なお、立ち会った証人（Attest または Witness）の署名欄を設ける場合もある。

III. 仲裁条項のドラフティング

1．仲裁とは
（1）法制度としての仲裁

一般に、仲裁とは「争いの間に入り、両者を取りなし仲直りをさせること」との意味で使われることが多いが、法制度としての仲裁は、紛争当事者間の合意により仲裁人が紛争解決をするものである。分かりやすく言えば、仲裁は法律で認められた私設の裁判である。

仲裁は、当事者の合意、すなわち、仲裁合意がその根幹である。仲裁合意とは、当事者が紛争の解決を第三者の判断に委ね、その判断に従う旨の合意である。仲裁合意において様々なことを決めておくことはできるものの、細かく合意事項を定めることは煩雑であるので、日本商事仲裁協会（JCAA）のような仲裁機関の仲裁規則によることを定めておくのが普通である。通常、契約書中に仲裁条項として定めておく。仲裁合意があるにもかかわらず、一方の当事者が裁判所に提訴した場合には、他方の当事者が仲裁合意の存在を主張すれば（妨訴抗弁）、裁判所はその訴えを却下することになる。

仲裁において、裁判官の役割を果たす第三者を仲裁人という。当事者が裁判官を選ぶことはできないが、仲裁人は当事者が合意により選ぶことができる。1名の仲裁人とすることを合意していて、その選任について合意できなければ、仲裁条項において指定している仲裁機関の規則により、その仲裁機関が決定をする。例えば、JCAAの「商事仲裁規則」や「インタラクティヴ仲裁規則」では、3名の仲裁人とすることを合意している場合には、各当事者が1名の仲裁人を選任し、そうして選任された2名の仲裁人が最後の1名を選任する。この合意ができない場合にもJCAAが決定することになる。仲裁人は、当事者の一方が、仲裁手続を無視して何ら対応しない場合でも、仲裁手続を進めることができ、仲裁判断を下すことができる。

仲裁判断は、確定判決と同一の効力があり、相手方が任意に履行しない場合は、裁判所により強制執行してもらうことができる。

（2）仲裁の特長
（a）国際性

仲裁法によれば、仲裁判断には、確定判決と同一の効力が認められている。判決の場合には、外国で日本の裁判所の判決の効力が認められるかどうかはその外国の法律次第であるが、仲裁判断の場合には、他の締約国においてされた仲裁判断を一定の要件のもとに承認し、これに基づき強制執行すること約束した「外国仲裁判断の承認および執行に関する条約」（ニューヨーク条約）がある。現在、ニューヨーク条約の締約国は160カ国以上であり、ほぼすべての国が締約国になっているということができる。

なお、非締約国のうち、わが国と取引の多い国として台湾がある。しかし、台湾は自国の仲裁法においてニューヨーク条約と同様の要件を定めている。

(b) 中立性

　仲裁は、手続および判断の中立性を確保することができる。異なる国の当事者の間の取引をめぐる紛争を、一方当事者の国の裁判所によって解決することは、手続法や言語などの違い、さらには適切な弁護士の選任や管理ができないといったことなどから、他方当事者にとって不利である。また、腐敗した裁判官がいる国もある。この点、仲裁は当事者間の合意に基づく紛争解決制度であり、仲裁人の選任、手続言語、手続の進め方などについて、広く当事者の合意によることが認められている。例えば、中国企業と日本企業と間の紛争であっても、英語により、第三国籍の仲裁人による仲裁によって解決することもできる。

(c) 手続の柔軟性

　訴訟では、手続のルールは訴訟法に定められており、これを変更することは認められない。他方、仲裁は当事者の合意を基礎にするものであり、当事者が合意により手続の進め方を決めることができる。たとえば、紛争解決期間を6カ月と限定して、その期間内に仲裁判断を下すことを仲裁人に求めることや、手続のすべてを書面やテレビ会議によってのみ行うことも可能である。

(d) 非公開性

　訴訟では、一般に手続が公開される。わが国では、憲法82条1項は「裁判の対審及び判決は、公開法廷でこれを行ふ。」と規定している。他方、例えばJCAA仲裁の場合、仲裁を行っていることや仲裁判断の内容について仲裁人も当事者も守秘義務を負っているので、業界の他社に知られることはない。

(e) 迅速性

　訴訟は三審制であり、最高裁まで争われると数年はかかる。これに対し、仲裁では、仲裁判断が下されれば、これに対する上訴はできないので、訴訟と比べると迅速に紛争解決を得ることができる。

2．仲裁条項のヒント

　当事者は、仲裁法の公の秩序に関する規定に反しない限り、どのように仲裁手続を行うかを自由に決めることができる。仲裁には仲裁機関を利用して仲裁手続を行う「機関仲裁」と仲裁機関を利用しないで当事者のみで仲裁手続を行う「アド・ホック仲裁」の2つがあるところ、「アド・ホック仲裁」では、現実にうまく仲裁手続が進まないだけでなく、仲裁合意が一応存在するために訴訟ができないという八方塞がりになったケースもある。仲裁に不慣れな場合には、JCAAのような仲裁機関を利用した「機関仲裁」が安全である。

　機関仲裁を利用する場合の仲裁条項のドラフティングでは、利用する規則を特定するだけを定めることもあるが、これに加えて、具体的な手続の方法、仲裁人の資格・数、仲裁手続の言語、手続費用の負担などの定めを盛り込むこともある。以下では、様々な仲裁条項の具体例をあげ、それぞれの特長について考える。

（1）JCAA の 3 つの仲裁規則に基づく仲裁条項

　JCAA では、(a) 商事仲裁規則、(b) インタラクティヴ仲裁規則、(c) UNCITRAL 仲裁規則、以上 3 つの仲裁規則に基づく仲裁を提供している。これらの仲裁規則はそれぞれに特長を有し、当事者はその中からふさわしい規則を選択することができる。これらの仲裁規則は JCAA のウェブサイト（http://www.jcaa.or.jp/）からダウンロードが可能である。

（a）商事仲裁規則によって仲裁を行う場合の仲裁条項例

All disputes, controversies or differences arising out of or in connection with this Agreement shall be finally settled by arbitration in accordance with the Commercial Arbitration Rules of The Japan Commercial Arbitration Association. The place of the arbitration shall be Tokyo, Japan.	この契約から又はこの契約に関連して生ずることがあるすべての紛争、論争又は意見の相違は、一般社団法人日本商事仲裁協会の商事仲裁規則に従って仲裁により最終的に解決されるものとする。仲裁地は東京（日本）とする。

解説

　商事仲裁規則【日本語・英語】は、UNCITRAL 仲裁規則の規定を基礎にし、その上で、最新の国際実務を反映した規定を備え、かつ、実務上争いが生じ得る論点についてきめ細やかに対応した仲裁規則である。特長的な規定は、以下のとおりである。
- 　迅速仲裁手続に関する規定
- 　緊急仲裁人による保全措置命令に関する規定
- 　複数の契約から生ずる紛争を 1 つの仲裁手続で解決することに関する規定
- 　多数当事者が関与する紛争を 1 つの仲裁手続で解決することに関する規定
- 　仲裁手続中の調停に関する規定
- 　仲裁人による補助者の利用に関する規定
- 　第三仲裁人の選任について当事者選任仲裁人が一方当事者の意見を個別に聴く場合に関する規定
- 　少数意見の公表の禁止に関する規定

（b）インタラクティヴ仲裁規則によって仲裁を行う場合の仲裁条項例

All disputes, controversies or differences arising out of or in connection with this Agreement shall	この契約から又はこの契約に関連して生ずることがあるすべての紛争、論争又は意見の相違は、一般社団法人日本商事仲裁協

| be finally settled by arbitration in in accordance with the Interactive Arbitration Rules of The Japan Commercial Arbitration Association. The place of the arbitration shall be Tokyo, Japan. | 会のインタラクティヴ仲裁規則 に従って仲裁により最終的に解決されるものとする。仲裁地は東京（日本）とする。 |

解説

インタラクティヴ仲裁規則【日本語・英語】は、商事仲裁規則と共通する規定を有しつつ、その上で、仲裁廷が争点の明確化に積極的に関与し、かつ、当事者が主張立証活動を効率的・効果的に行うことができるようにするための工夫として、以下のような特長的な規定を置いている。

- 仲裁廷は、手続の出来るだけ早い段階で、当事者に対し、当事者の主張の整理及び暫定的な争点について書面で提示し、当事者の意見を求めなければならない。
- 仲裁廷は、遅くとも証人尋問の要否について決定をする前に、当事者に対し、重要な争点に関する暫定的な見解を書面で提示しなければならない。

(c) UNCITRAL 仲裁規則＋ UNCITRAL 仲裁管理規則によって仲裁を行う場合の仲裁条項例

All disputes, controversies or differences arising out of or in connection with this Agreement shall be finally settled by arbitration in accordance with the UNCITRAL Arbitration Rules supplemented by the Administrative Rules for UNCITRAL Arbitration of The Japan Commercial Arbitration Association. The place of the arbitration shall be Tokyo, Japan.

解説

UNCITRAL 仲裁規則（＋ UNCITRAL 仲裁管理規則）【英語のみ】には、以下の特長がある。

- 国際連合国際商取引委員会（UNCITRAL）が作成した仲裁規則である。
- 仲裁手続を円滑に行う上で最低限必要なルールを規定している。
- UNCITRAL 仲裁管理規則は、UNCITRAL 仲裁規則に基づき JCAA が事務局として仲裁手続の初めから終りまでサポートをする上で必要な事項について定めたものであり、UNCITRAL 仲裁規則を補完するものである。

(2) 機関仲裁条項（仲裁機関を指定する仲裁条項）

| All disputes, controversies or differences arising out of or in | この契約から又はこの契約に関連して生ずることがあるすべての紛争、論争又は意 |

connection with this Agreement shall be finally settled by arbitration in accordance with the Commercial Arbitration Rules of <u>The Japan Commercial Arbitration Association</u>. The place of the arbitration shall be Tokyo, Japan.

見の相違は、<u>一般社団法人日本商事仲裁協会</u>の商事仲裁規則に従って仲裁により最終的に解決されるものとする。仲裁地は東京（日本）とする。

解説

　仲裁には仲裁機関を利用して仲裁手続を行う「機関仲裁」と仲裁機関を利用しないで当事者のみで仲裁手続を行う「アド・ホック仲裁」の2つがあるが、「機関仲裁」を選択する場合、どのような仲裁機関を利用すべきかが問題となる。

　仲裁というのは、仲裁条項を含む契約を締結した後、実際に仲裁を利用するのは数年後、数十年後のことになる。JCAA の仲裁事件でも、10年、20年前に締結した契約に基づいて仲裁申立てがなされることは、決して珍しいことではない。したがって、仲裁機関の選択においては、仲裁機関の存続性というものがとても重要な要素である。契約締結時に存在していたとしても、実際に紛争が生じて仲裁を申し立てようと思ったら、仲裁機関が無くなっていれば、仲裁での紛争解決手段が失われてしまう。仲裁機関はウイスキーの醸造メーカーのようなもので、よいウイスキーを仕込んでもそれが現実に利益を生むまでには一定の期間を要するため、その一定期間を生き延びる必要があり、資金不足で消滅してしまうおそれがある。

　近年、国際仲裁の発展に伴って、各国で次々に新しい仲裁機関が設立されているが、特に、新しい仲裁機関の場合には、安易に選択するようなことはせず、その存続性について調査する必要がある。この点、JCAA は、1950年に日本商工会議所の国際商事仲裁委員会として設置されて以降、半世紀以上にわたる歴史を有し、財政基盤も数多くの会員の支援と他事業からの収益によって安定しており、さらに何よりカントリーリスクのない日本の仲裁機関であるので、その存続性にいささかの問題もない。

（3）仲裁規則を規定する仲裁条項

All disputes, controversies or differences arising out of or in connection with this Agreement shall be finally settled by arbitration in accordance with <u>the Interactive Arbitration Rules</u> of the Japan Commercial Arbitration Association.

　この契約から又はこの契約に関連して生ずることがあるすべての紛争、論争又は意見の相違は、一般社団法人日本商事仲裁協会の<u>インタラクティヴ仲裁規則</u>に従って仲裁により最終的に解決されるものとする。

解説

仲裁は当事者自治を基本とする紛争解決方法である。当事者は、仲裁法の公の秩序に関する規定に反しない限り、どのように仲裁手続を行うかを自由に決めることができる。したがって、当事者が仲裁手続の一つ一つについて検討し決めても良いが、実際にそのようなことをすることは大変面倒であるし、そもそも仲裁手続に不慣れな当事者にとっては、とても難しいことである。そこで、手続管理の専門機関である仲裁機関が、仲裁手続を行うためにドラフトした手続準則の「セット」を利用することになる。これが仲裁規則である。仲裁規則は、仲裁手続の細部に至るまで検討して、円滑にかつ実効的な紛争解決を実現するための様々な事項を定めたものであり、これを契約で採用することによって、当事者の合意内容になるので、個々の事項についての交渉の手間を省くことができる。

とはいえ、特定の仲裁規則による仲裁を定める条項を契約に盛り込むということは、その仲裁規則が定めている内容のすべてを合意するということを意味するので、本来は仲裁規則の内容を事前にチェックして、万一紛争が発生した場合に自分の側にとって不都合はないのか、有利なのかを検討する必要がある。しかし、実際のところ、法務担当者であっても、仲裁の経験が豊富な方は滅多にいないので、仲裁規則を読んでみても、どのような状況が生じる可能性があるのか、その際にその規定はどのように作用するのかを評価することは難しい。そのような場合であっても、少なくとも、①仲裁人の選任手続の規定、②仲裁地を定める規定、③手続言語を定める規定、④仲裁人報償金や管理料金を定める規定、以上4つの規定については必ず確認する必要がある。

上記の仲裁条項では、JCAA の「インタラクティヴ仲裁規則」が規定されている。インタラクティヴ仲裁規則は、仲裁廷が争点の明確化に積極的に関与することによって、当事者が主張立証活動を効率的に行うことができるよう工夫された仲裁規則である。上記の4つの点については、次のとおりになっている。

①の仲裁人選任は当事者自治が原則であり、決められない場合には JCAA が定めることになっている。②の仲裁地について当事者間の合意がない場合には、申立人が仲裁申立書を提出した JCAA の事務所の所在地（東京、横浜、名古屋、大阪、神戸）が仲裁地となる。③の手続言語について当事者が合意できない場合には、仲裁廷が契約書の言語や通訳・翻訳の要否やその費用等を勘案して決定するとされている。④のうち、仲裁人報償金については、請求額に応じた定額制が採用されている点に特徴がある。たとえば、請求額が 5000 万円以上 1 億円未満で、仲裁人 1 名の場合には、200 万円であるので、予め紛争解決コストの計算が可能となる。

仲裁条項は「真夜中の条項」（midnight clauses）の一つとされ、契約交渉の最終段階で、十分検討されることなくドラフトされることもあるが、いざ紛争が発生したときになってから適用される仲裁規則を読んで、遠隔地での仲裁を強いられるといった不利を悟ることがないように、事前のチェックを怠らないようにしなければならない。

（4）「商事仲裁規則」の迅速仲裁手続によって仲裁を行う場合の仲裁条項

<table>
<tr>
<td>

All disputes, controversies or differences arising out of or in connection with this Agreement shall be finally settled by arbitration in accordance with <u>the expedited arbitration procedures of the Commercial Arbitration Rules</u> of The Japan Commercial Arbitration Association. The place of the arbitration shall be Tokyo, Japan.

</td>
<td>

この契約から又はこの契約に関連して生ずることがあるすべての紛争、論争又は意見の相違は、一般社団法人日本商事仲裁協会の<u>商事仲裁規則の迅速仲裁手続</u>に従って仲裁により最終的に解決されるものとする。仲裁地は東京（日本）とする。

</td>
</tr>
</table>

解説

　商事仲裁規則第2編に定める迅速仲裁手続によって仲裁を行う場合の仲裁条項である。迅速仲裁手続は、原則、5,000万円未満の紛争を処理するために使われる仲裁手続である。仲裁人は1人で、仲裁廷の成立日から3か月以内に仲裁判断をするよう努めることとされている。一般に小額紛争に利用される手続であるが、高額紛争であっても、例えば、金銭消費貸借契約に関連する紛争など、主張・立証が比較的容易な事件にも適していると思われる。

（5）仲裁人の要件や数を規定する仲裁条項

<table>
<tr>
<td>

All disputes, controversies or differences arising out of or in connection with this Agreement shall be finally settled by arbitration in accordance with the Commercial Arbitration Rules of The Japan Commercial Arbitration Association. The place of the arbitration shall be Tokyo, Japan. <u>(i) The arbitrator shall be in possession of qualification of a lawyer in Japan.</u> <u>(ii) The number of the arbitrators shall be（　）.</u>

</td>
<td>

この契約から又はこの契約に関連して生ずることがあるすべての紛争、論争又は意見の相違は、一般社団法人日本商事仲裁協会の商事仲裁規則に従って仲裁により最終的に解決されるものとする。仲裁地は東京（日本）とする。<u>(i) 仲裁人は日本の弁護士資格を有する者とする。</u><u>(ii) 仲裁人の数は、（　）人とする。</u>

</td>
</tr>
</table>

解説

(i) 仲裁人の要件

　当事者は仲裁条項において仲裁人の要件を自由に定めることができるが、現実的に選任が可能な要件を規定する必要がある。極端な例として、JCAA は、過去に、①フランスの弁護士資格を有し、②日本語で仲裁手続を行うことができ、③国際的な建設紛争に 10 年以上の経験がある者、という要件を定めてもよいかとの問い合わせを受けたことがある。もちろん、これらの条件を仲裁人の要件として定めることは可能であるが、現実的に、これらすべての要件を満たす仲裁人を探すことは極めて困難であると思われる。日本の仲裁法 18 条 1 項 1 号は、当事者の合意により定められた仲裁人の要件を具備しないことを忌避の原因として挙げている。特別の要件を仲裁条項に盛り込む際は、実際に機能するか否かをよく検討しなければならない。

(ii) 仲裁人の数

　一般に、仲裁実務では、仲裁人の意見が分かれて手続が行き詰まらないようにするために、1人又は 3 人とされ、3 人の場合には両当事者が各 1 名を選任し、そして選任された 2 名の仲裁人が 3 人目の仲裁人を選任することとされている。仲裁人の数は、当事者の合意によって定めることができるため、仲裁条項のドラフティングの際に、仲裁人の数を予め規定するか否か、規定する場合には何人と規定するかが問題となる。

　一見すると、1 人より 3 人のほうが、より慎重な判断を期待することができ、何より、自ら選任した仲裁人を仲裁廷の中に送り込むことできるのでよさそうに思われる。しかし他方で、単純に 3 倍の仲裁人報償金及び仲裁人経費を要する。手続期間についても、各仲裁人の都合の調整や合議の時間がかかるため、単独仲裁人による仲裁手続より、長い期間がかかる。

　仲裁人の数を決める上で、もっとも重要なことは、発生し得る紛争の規模と複雑さの予測である。JCAA 仲裁では、過去に、2000 万円～ 3000 万円程度の請求金額の単純な事件で、仲裁条項に仲裁人の数が 3 人と規定されていたため、3 人で仲裁廷を構成し、手続を実施した例がある。この事件では仲裁人の数は 1 人で十分であったと思われる。また、仲裁条項に仲裁人の数が 3 人と規定されている場合であって、迅速仲裁手続による旨の規定がないときには、紛争金額が 5000 万円未満の小額紛争であっても、商事仲裁規則 84 条 1 項ただし書により、迅速仲裁手続が適用されなくなる。

　高額で複雑な紛争の発生が予想されるということであれば、仲裁人の数を 3 人と定める仲裁条項とすることでもよいが、そのような予測が立たない場合には、仲裁人の数は規定しないほうがよい。当事者間に仲裁人の数について合意がない場合には、商事仲裁規則 26 条 1 項により、その数は 1 人となる。これは、当事者が 2 人の場合であって仲裁人の数について合意ができないときは、仲裁人の数は 3 人とすると定める仲裁法 16 条 2 項の適用を排除する合意として有効である。そして、商事仲裁規則 26 条 3 項により、いずれの当事者も、被申立人が仲裁申立ての通知を受領した日から 4 週間以内に、JCAA に対し、仲裁人の数を 3 人とすることを書面により求めることができ、この場合において、JCAA は紛争の金額、事件の難易その他の事情を考慮し、これを適当と認めたときは、仲裁人は 3 人とすることができる。

したがって、契約から発生する紛争の規模と複雑さの予測が困難な場合には、仲裁人の数は定めず、その数の決定を JCAA にお任せいただくことをお勧めする。

（6）仲裁手続の言語を規定する仲裁条項

All disputes, controversies or differences arising out of or in connection with this Agreement shall be finally settled by arbitration in accordance with the Commercial Arbitration Rules of The Japan Commercial Arbitration Association. The place of the arbitration shall be Tokyo, Japan. <u>The arbitral proceedings shall be conducted in Japanese.</u>	この契約から又はこの契約に関連して生ずることがあるすべての紛争、論争又は意見の相違は、一般社団法人日本商事仲裁協会の商事仲裁規則に従って仲裁により最終的に解決されるものとする。仲裁地は東京（日本）とする。<u>仲裁手続は日本語によって行なう。</u>

解説

　当事者は仲裁手続の言語（以下「手続言語」）を自由に定めることができる。例えば、「商事仲裁規則」や「インタラクティヴ仲裁規則」に基づく仲裁手続では、当事者間に、手続言語を定める合意がない場合には、仲裁廷が手続言語を決定する。仲裁廷は、手続言語の決定に当たり、仲裁合意を規定する契約書の言語、通訳及び翻訳の要否並びにその費用その他の関連する事情を考慮しなければならないとされている。一般に、国際契約書は英語で作成されていることが多く、その結果、手続言語の合意がない場合には、英語が手続言語となっている。日本企業にとって、英語で手続を実施することは負担が大きいため、日本語で仲裁手続を行ないたい場合には、予めその旨を仲裁条項に定めておく必要がある。

　仲裁条項で、たとえば「仲裁手続は英語及び日本語による。」といったように、複数の仲裁手続の言語を規定することもできる。しかし、これは実務的には問題が発生しやすく、費用や労力も大きい。というのは、上記の条項例によれば、日本語だけで書面を提出することができるのか、それとも日本語と英語の両方の言語で書面を提出しなければならないのかが定かではないからである。仮に、日本語の書面だけで、よいとされる場合であっても、仲裁廷の中に英語しか理解できない仲裁人がいる場合には、結局、英語の書面も提出せざるを得なくなる。したがって、日本語と英語のいずれの言語でも手続を行なえるようにするためには、仲裁人は両方の言語を問題なく使いこなせることを要件とするといった定めもしておくのが望ましいということになる。たとえば、次のような条項である。

The arbitral proceedings shall be conducted in Japanese or English.	仲裁手続の言語は日本語又は英語によって行なう。仲裁人は、日本語および英語で

The Arbitrator shall be competent to conduct the arbitral proceedings in both Japanese and English.	仲裁手続を行なえなければならない。

　しかし、そのような言語能力を有する適任者の絶対数は少なく、仲裁人選任作業が難航することが想定される。このように、複数の手続言語も定めるという条項は注意を要する。

（7）仲裁費用の負担を定める仲裁条項

All disputes, controversies or differences arising out of or in connection with this Agreement shall be finally settled by arbitration in accordance with the Commercial Arbitration Rules of The Japan Commercial Arbitration Association. The place of the arbitration shall be Tokyo, Japan. 　The losing party shall bear the arbitrator's remuneration and expenses, the administrative fee and other reasonable expenses incurred with respect to the arbitral proceedings (hereinafter the "Arbitration Cost") . In the case where a part of claims is admitted, the Arbitration Cost shall be borne in accordance with the determination of the arbitral tribunal at its discretion. The parties shall each bear their own costs as well as counsels' and other experts' fees and expenses in the arbitral proceedings.	この契約から又はこの契約に関連して生ずることがあるすべての紛争、論争又は意見の相違は、一般社団法人日本商事仲裁協会の商事仲裁規則に従って仲裁により最終的に解決されるものとする。仲裁地は東京（日本）とする。 　仲裁人報償金、仲裁人経費、管理料金、その他の仲裁手続のための合理的費用（以下「仲裁費用」）は、敗れた当事者が負担する。請求の一部のみが認められた場合における各当事者の仲裁費用の負担は、仲裁廷が、その裁量により定める。各当事者は、仲裁手続における当事者自身の費用並びに代理人その他の専門家の報酬及び経費を負担する。

解説

　商事仲裁規則80条1項では、仲裁手続の費用として、①仲裁人報償金、仲裁人経費、管理料金、その他の仲裁手続のための合理的な費用のほか、②当事者が負担する代理人その他の専門家の報酬及び経費をあげており、同条2項で仲裁人が、当事者の負担割合を決定すると定めている。仲裁は当事者自治に基づく手続であるので、仲裁手続の費用負担についても当事者が定めることができる。JCAA仲裁の過去の例をみると、仲裁手続のために当事者が負担するコストの8割から9割は代理人への報酬及び経費の支払いである。なお、代理人の報酬は中小の法律事務所より大手事務所、日本の法律事務所より外国の法律事務所の方が高額であるのが通常である。

　条項例では、上記の①については、敗れた当事者が仲裁費用を負担することとし、一部の請求が認められた場合（部分的に敗れた場合）には仲裁廷が裁量で各当事者の負担を決定すると定め、②については各当事者が自分自身の費用並びに代理人その他の専門家の報酬及び費用を負担すると定めている。

(8) 多層的紛争解決条項

　The parties shall attempt to negotiate in good faith for a solution to all disputes, controversies or differences arising out of or in connection with this Agreement (hereinafter referred to as "disputes").

　If the disputes have not been settled by negotiation within [two] weeks from the date on which one party requests to other party for such negotiation, the parties shall attempt to settle them by mediation in accordance with the Commercial Mediation Rules of the Japan Commercial Arbitration Association (hereinafter referred to as "JCAA"). The parties shall conduct the mediation in good faith at least [one] month from the date of filing.

　If the disputes have not been settled by the mediation, then they shall be finally settled by arbitration in accordance with the Commercial

　当事者は、この契約から又はこの契約に関連して生ずることがあるすべての紛争、論争又は意見の相違（以下、「紛争」という）の解決のために、誠実に協議するように努めなければならない。

　一方の当事者が相手方の当事者に対し、協議の要請を行った日から［2］週間以内に、協議によって紛争が解決されなかったときは、当事者は一般社団法人日本商事仲裁協会（以下、「JCAA」という）の商事調停規則に基づく調停を試みるものとする。当事者はその申立ての日から少なくとも［1］カ月、誠実に調停を行わなければならない。

　上記の調停によって紛争が解決されなかったときは、紛争はJCAAの商事仲裁規則に従って仲裁により最終的に解決されるものとする。仲裁地は東京（日本）とする。

Arbitration Rules of the JCAA. The place of the arbitration shall be Tokyo, Japan.

解説

仲裁費用の高額化や仲裁手続の長期化の懸念から、その解決策の１つとして、当事者に仲裁手続を開始する前に、交渉や調停によって紛争解決を試みることを義務づける手続が採用されることがある。上記の「多層的紛争解決条項」では、紛争が生じた場合には、まず初めに、当事者は誠実な「交渉」による解決を試みて、それにより解決ができなかった場合には、次に中立的な第三者を介した交渉である「調停」を利用し、それでもなお、紛争の解決に至らない場合には、最終的に、強制的な手続である「仲裁」で解決するという段階的な紛争解決手続となっている。

多層的紛争解決手続において注意すべきことは、交渉や調停の手続が、紛争を解決したくない当事者に、遅延策として利用されないように、予め手続期間を決めておく必要がある（上記の多層的紛争解決条項において少なくとも１カ月は調停を行うことを義務付けているが、この期間を定めていない場合にはJCAAの商事調停規則には期間の定めがあり、それは当事者が別段の合意をしない限り３カ月となっている）。

また、多層的紛争解決手続では、相手方が誠実に交渉によって解決する姿勢がある場合には効果が期待されるが、現実に紛争が発生した場合に協議や調停による解決が期待できないこともあり得るので、期間を余り長く設定していると、その期間、最終的な解決手段である仲裁を開始できないことになってしまうので、ドラフティングの際にはそのことも考慮する必要がある。

（9）交差型仲裁条項（クロス条項）

All disputes, controversies or differences arising out of or in connection with this Agreement shall be finally settled by arbitration. If arbitral proceedings are commenced by X (foreign corporation), arbitration shall be held pursuant to the Commercial Arbitration Rules of The Japan Commercial Arbitration Association and the place of arbitration shall be Tokyo, Japan; if arbitral proceedings are commenced by Y (Japanese corporation), arbitration shall be held

この契約から又はこの契約に関連して、当事者の間に生ずることがあるすべての紛争、論争又は意見の相違は、仲裁により最終的に解決されるものとする。X（外国法人）が仲裁手続を開始するときは、一般社団法人日本商事仲裁協会の商事仲裁規則に基づき仲裁を行い、仲裁地は東京（日本）とする。Y（日本法人）が仲裁手続を開始するときは、（仲裁機関の名称）の（仲裁規則の名称）に基づき仲裁を行い、仲裁地は（外国の都市名）とする。

当事者の一方が上記の地のうちの一においてその仲裁機関の規則に従って仲裁手続

pursuant to (the name of rules) of (the name of arbitral institution) and the place of arbitration shall be (the name of the city in foreign country).

Once one of the parties commences arbitral proceedings in one of the above places in accordance with the rules of the respective arbitral institution, the other party shall be exclusively subject to the arbitral proceedings and shall not commence any arbitral proceedings as well as court proceedings. The time receipt of the request for arbitration by the arbitral institution determines when the arbitral proceedings are commenced.

を開始した場合には、他方の当事者はその仲裁手続に排他的に服し、他の仲裁手続も訴訟手続も開始してはならない。その仲裁機関によって仲裁申立てが受領された時をもって、仲裁手続がいつ開始したかを決定する。

解説

　交差型仲裁条項は仲裁の相手方（これを通常、仲裁の被申立人という）の所在地を仲裁地として仲裁手続を行うことを定める仲裁条項である。被告地主義仲裁条項や Finger pointing clause とも呼ばれている。相手方の仲裁機関は通常、相手国の仲裁機関が規定される。この仲裁条項の場合、相手方が契約違反をした場合、相手国で仲裁を行うことになるので、相手方が契約違反をする危険性が高い場合には注意が必要である。また、理論的には、仲裁申立てを受けた当事者が、反対請求の申立てではなく、別途、相手国において仲裁を申し立てる可能性があるため、そのような事態を避けるためには、一つの仲裁手続が開始した場合には、別の仲裁手続を開始することはできない旨の定めも合わせて規定しておくことがより望ましい。

（10）準拠法条項と仲裁条項

1. This contract shall be governed by and construed under the laws of Japan.
2. All disputes, controversies or differences arising out of or in connection with this Agreement shall be finally settled by arbitration in accordance with the Commercial

1. この契約は日本法に準拠し、解釈されるものとする。
2. この契約から又はこの契約に関連して生ずることがあるすべての紛争、論争又は意見の相違は、一般社団法人日本商事仲裁協会の商事仲裁規則に従って仲裁により最終的に解決されるものとする。仲裁地は東京（日本）とする。

Arbitration Rules of The Japan
Commercial Arbitration Association.
The place of the arbitration shall be
Tokyo, Japan.

解説

　契約の準拠法を定める条項は仲裁条項などの紛争解決条項とは別に定められることもあるが、上記のように、1項と2項として、両者をセットにして定められることもある。しかし、そもそも、この2つは異なる機能を果たすものであるので、以下のことを十分に認識しておくことが必要である。

　紛争解決条項は、紛争の発生に備えて定めるものであり、紛争が発生してはじめてその適用が問題になる。これに対して、準拠法条項は、紛争が発生するかしないかとは関係なく、契約がスムーズに履行されている間も、当事者間の権利義務及び法律関係の発生、効力、終了などを規律し続ける。

　JCAAへの相談事例として、被申立人の国での仲裁を行うことを定める「交差型仲裁条項」（上記（9））を採用するつもりであるところ、準拠法条項もこれと一体化させ、被申立人の国の法による旨を定めることにしてよいか、とのご質問を受けたことがある。仲裁条項を交差型にするのは、仲裁申立てをする際のハードルを上げ、申立てに踏み切る前の和解交渉や調停が促進されるという効果を期待することができる。

　しかし、準拠法条項をそれに合わせて交差型にしてしまうと、仲裁申立てをいずれの当事者が行うかによって、準拠法が違うということになるので、仲裁申立てがあるまでは準拠法は定まっていないことになる。そうすると、契約は果たして成立しているのか、契約不履行が発生しているのかといった問題について、仲裁申立てまでは準拠法が決まらず、したがって、一義的な答えが得られないことになり、混乱が生ずることになります。準拠法条項と仲裁条項との役割を正しく理解していれば、交差型の準拠法条項はあり得ないことである。

　なお、準拠法条項について付言すると、当事者間で合意すれば準拠法を定めることができるということは、法の適用に関する通則法7条により、特に仲裁による解決の場合には仲裁法36条により定められている。もっとも、それはあくまで契約問題についてであり、会社の代表権には会社設立準拠法が、担保物権には担保目的物の所在地法（債権を目的とする場合にはその債権の準拠法）が適用される等、契約以外の問題については問題に応じて異なる準拠法が適用されることになります。また、代理店の保護規制とか、競争法（独禁法）等の公法上の問題も、準拠法条項では如何ともし難く、複数の国の公法の適用範囲に入っていれば、複数の国の公法の適用もあり得る。

　また、契約問題に限ってみても、安易に契約相手の国の法によることに合意してしまうと、契約書のチェックの段階から紛争の場面まで全ての局面で当該国の弁護士に相談しなければならなくなり、時間とコストがかかることにも注意が必要である。

「そのまま使えるモデル英文契約書シリーズ」のご案内

書名	版型	ISBN コード	本体価格
そのまま使えるモデル英文契約書シリーズ 委託販売契約書（CD-ROM 付）	B5 版	978-4-910250-00-7	¥2,000
そのまま使えるモデル英文契約書シリーズ 委託加工契約書（CD-ROM 付）	B5 版	978-4-910250-01-4	¥2,000
そのまま使えるモデル英文契約書シリーズ 購入基本契約書（CD-ROM 付）	B5 版	978-4-910250-02-1	¥2,000
そのまま使えるモデル英文契約書シリーズ OEM（委託者側）製品製造供給契約書【輸入用】 （CD-ROM 付）	B5 版	978-4-910250-03-8	¥2,000
そのまま使えるモデル英文契約書シリーズ OEM（製造者側）製品製造供給契約書【輸出用】 （CD-ROM 付）	B5 版	978-4-910250-04-5	¥2,000
そのまま使えるモデル英文契約書シリーズ 総代理店契約書【輸入用】（CD-ROM 付）	B5 版	978-4-910250-05-2	¥2,000
そのまま使えるモデル英文契約書シリーズ 総代理店契約書【輸出用】（CD-ROM 付）	B5 版	978-4-910250-06-9	¥2,000
そのまま使えるモデル英文契約書シリーズ 合弁契約書（CD-ROM 付）	B5 版	978-4-910250-07-6	¥2,000
そのまま使えるモデル英文契約書シリーズ 実施許諾契約書【許諾者用】（CD-ROM 付）	B5 版	978-4-910250-08-3	¥2,000
そのまま使えるモデル英文契約書シリーズ 秘密保持契約書・共同開発契約書（CD-ROM 付）	B5 版	978-4-910250-09-0	¥2,000
そのまま使えるモデル英文契約書シリーズ 技術ライセンス契約書【中国語版付】（CD-ROM 付）	B5 版	978-4-910250-10-6	¥2,000
そのまま使えるモデル英文契約書シリーズ 販売基本契約書（CD-ROM 付）	B5 版	978-4-910250-11-3	¥2,000